1年中楽しみたい！
日本の美しい花暦
はなまっぷ

はじめに

「はなまっぷ本」をお手にとっていただき、ありがとうございます。

　念願の1冊目から約半年、おかげさまで2冊目を出させていただけることとなりました。いつも、はなまっぷをご覧いただいているみなさん、素敵なお写真を投稿してくださるみなさん、そして「はなまっぷ本」をお手にとっていただいたみなさんに、重ねて御礼申し上げます。

　人気の花ごとにページを作り花名の由来や花言葉などを添えた1冊目に対して、本書は月ごとにページを作りました。そして、「弥生」や「師走」などの和風月名、「立春」や「冬至」などの二十四節気を各月の見出しに添えました。

「＃はなまっぷ」に集まる美しい花の写真にそれらを添えると、みなさんが撮る花々がいまの日本の季節を物語る、美しい花暦ができ上がりました。

「4月になったら桜を見に行こう」「6月になったから花菖蒲が咲き始めるかな」などと、私たちは暦を見ながら見頃の花を探します。しかし、昔の人々は「桜の花が咲いたから野菜の

種を撒こう」「ノハナショウブが咲いたからそろそろ梅雨入りだな」などと、自然の変化を頼りに生活し、農作業の目安にもしていたのです。そのような暮らしは旧暦として、いまでも季節の行事を楽しみながら使われています。

　昔の人々は、美しい花や風景を歌にしたり絵に描いて残してくれたりしただけでなく、暦とともに花々を楽しみながら、季節の美しさもいまの私たちに伝えてくれていたのです。

　昔に比べるといまは、咲く花も多種多様になっています。きっとこれからも変化していくことでしょう。古き良き日本の季節感を大切にしながら、いまの私たちが撮る花々も、それぞれの言葉を添えて残していきたい！　そんな思いで作った「現代版花の歳時記」です。

　この本をお手にとっていただいた方々が、月ごとに変わる美しい花風景を楽しみ、季節の移ろいを感じながら1年中花まるな気分で過ごしていただけると嬉しいです。

　それでは「#はなまっぷ」の花暦を、どうぞめくってみてください。

Contents

- P2   はじめに

Part 1   春夏秋冬 花の歳時記

- P6   卯月 (4月)
- P20   皐月 (5月)
- P34   水無月 (6月)
- P44   文月 (7月)

- P56   わんこと一緒に楽しみたい！
日本の美しい花風景

- P58   葉月 (8月)
- P70   長月 (9月)
- P84   神無月 (10月)
- P96   霜月 (11月)

- P104   日本でいちばん素敵な花の写真の教室

- P106   師走 (12月)
- P114   睦月 (1月)
- P124   如月 (2月)
- P134   弥生 (3月)

Part 2   もっと楽しみたい！日本の美しい花風景

- P148   水面に映る花風景
- P154   ハートの花々
- P158   素敵な空模様

Part 3   はなまっぷの必需品

- P162   地方別はなまっぷ
- P170   はなまっぷの花暦

※花の見頃はその年の気候や地域により変動します。あくまで目安としてお楽しみください。
※紹介している内容には諸説あるものもあります。
※二十四節気は2019年の日付を記載しています。
※本書を参考に現地を訪れる際には、美しい花風景を100年後にも多くの方が楽しめるよう、近所や周囲に配慮し、マナーを守っていただくようお願いいたします。
※アクセスについてはGoogle マップで計測したものもあります。詳細は各HP等でご確認いただきますようお願いいたします。

Part 1

日本の美しい花暦
春夏秋冬 花の歳時記

「#はなまっぷ」に集まる花風景や花々の中から、その月ならではの写真を選りすぐり、4月から順番に並べました。毎月移り変わる景色の色や季節感を楽しみながらめくってください。

卯月(うづき) 🌸4月

4月の美しい花風景

清明(せいめい) 4月5日頃 花が咲き蝶が舞い、空は青く澄みわたり、あらゆるものが「清浄明潔」である頃。
穀雨(こくう) 4月20日頃 あらゆる穀物をうるおす春の恵の雨がしきりに降る頃。農家では種蒔きの時期です。

山梨県　実相寺
JR韮崎駅からバス下車後徒歩30分

桜・水仙

🌸 境内では、日本三大桜の1つであり樹齢2000年以上、日本最古の桜と言われる「山高神代桜」も咲き誇ります。

📷 ululun　雪の残る南アルプスの遅い春。実相寺の桜や水仙の花たちが一斉に咲き始めると一気に華やかになります。耳を澄ますと花びらの開く音、風の囁きが聞こえてきそうです。

「世の中にたえて桜のなかりせば春の心はのどけからまし（在原業平）」

　この世に桜がなければ、どんなにのどかな気分で春を過ごせることだろう、という気持ちが詠まれた平安時代の歌です。桜が咲くと嬉しくなり、「そろそろ満開かな?」「散ってしまわないかな?」と、そわそわして落ち着かない日本人の心は、1000年以上も前から変わらないようですね。

　桜だけではなく、菜の花、藤、チューリップなど、いろんな種類の花、いろんな色の花が共演する春爛漫な季節。人々の心にも花が咲く4月の花風景に花まるを。

福島県　花見山公園
JR福島駅からバス
桜・花桃　他

🌸農家の方が花を植え続けて作られた花の山。たくさんの方に見ていただけるようにと昭和34年から一般開放されています。

📷 ken.f430　花であふれる山の向こうに沈んでいく夕日が感動的でした。

秋田県　菜の花ロード
JR八郎潟駅から車で10分
桜・菜の花

🌸県道沿いに11kmも続く菜の花の黄色い道。コントラストが美しい春色の道をドライブしながら楽しめます。

📷 shimya　朝靄の中段々と姿をあらわす桜と菜の花。どこまでも続いているように感じました。

大分県　豊後中川駅
JR豊後中川駅
桜・菜の花

🌸 色とりどりのトンネルをくぐり電車がやってくる光景は映画のワンシーンのようです。
📷 nao_k__　桜と電車を撮りに行ったのですが、2人の雰囲気が素敵すぎて思わずシャッターを切ってしまいました。

4月

兵庫県　白毫寺
JR市島駅から車で約8分
藤

🌸 全長120mも続く、九尺藤のシャワーは圧巻！　夜のライトアップに照らされた姿もオーロラのように幻想的です。

📷 pimoco_55　この藤を見ることにずっと憧れていました。藤の淡い紫色に上も下も囲まれ、夢のような時間でした。

群馬県　東武トレジャーガーデン
東武鉄道茂林寺前駅から徒歩15分
桜　他

🌸 カラフルな春色の花々と桜の共演は、見ているだけでも楽しい気分になりますね！

📷 **kuniakitsukui**　散り際を迎えた桜と、その手前で盛りを迎えた花々を、春らしい柔らかな雰囲気で切り取りました。

東京都　国営昭和記念公園
JR西立川駅から徒歩2分
チューリップ

🌸 ムスカリとのコラボが素敵なチューリップ畑は、本場オランダのキューケンホフ公園をモデルに作られました。

📷 mika05011972　いろんな色のチューリップが咲き誇る姿に感動！　大切に栽培されている園内の方の想いが伝わりました。

▶ **香川県**
国営讃岐まんのう公園
JR琴平駅・ことでん琴平駅からバス
下車後徒歩30分

チューリップ・ネモフィラ

🌸 ネモフィラの爽やかな絨毯の上でチューリップたちが楽しそうに踊っているよう。

📷 michi430n　ネモフィラとチューリップのコンビが素敵でした！

▼ **岡山県**
岡山農業公園ドイツの森
山陽自動車道山陽ICから約30分、
または中国自動車道美作ICから約40分

チューリップ

🌸 ドイツの田園風景のような場所で咲くチューリップは、華やかな中にもほっとする優しさがあります。

📷 funwari.m.k　チューリップと建物がとてもマッチしていて、ドイツに訪れてみたくなりました。

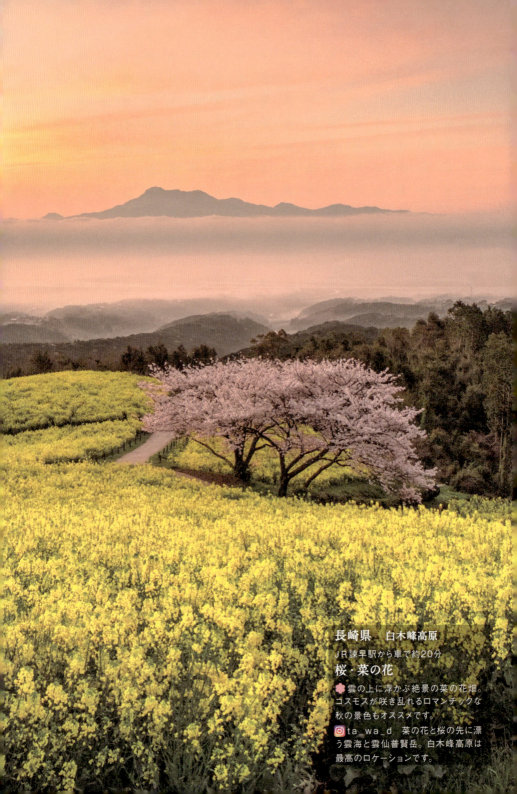

富山県　あさひ舟川「春の四重奏」
あいの風とやま鉄道泊駅から臨時バスあり
桜・チューリップ

チューリップ、桜、菜の花、そして立山連峰。富山県ならではの花と景色が贅沢に共演する春の風物詩です。

yone_75　雪の山と花が奏でる「春の四重奏」。毎年訪れたくなる富山の絶景スポットです。

4月の美しい花々

矢車菊
やぐるまぎく

花ことば
繊細、優美

開花時期
4月〜6月

　ドイツの国花でもあるヤグルマギク。他の国でも、王族などから愛されていました。少し紫がかったヤグルマギクのブルーは、最高級のサファイアを表す色でもあります。ツタンカーメン王の棺と一緒に埋葬されており、古代から由緒ある花なのです。

🌸 パステルカラーの背景が美しく、まさに最高級のサファイアが輝いているよう。
📷 ryovu　ポピーを撮影しに行きましたが、気づいたらこの花に夢中でした。
撮影地：栃木県　とちぎわんぱく公園

ムスカリ

[花ことば]
明るい未来、通じ合う心

[開花時期]
3月〜4月

🌸 鮮やかな青紫色が春の花々を引き立て、名脇役と言われるムスカリ。ブドウのように可愛い花姿は主役並みの人気っぷりです。

📷 miko_photo_nature　ファインダーを覗いたときの優しい気持ちが伝われば、それがいちばんの幸せです。

撮影地：東京都　国営昭和記念公園

蓮華(れんげ)

[花ことば]
心が和らぐ、幸福

[開花時期]
4月〜5月

🌸 以前は水田の裏作に緑肥としてさかんに植えられており、春になると辺りの田んぼを埋め尽くすほどのレンゲが咲いていました。

📷 serenadepink　いまでは見かけなくなってしまったレンゲ畑。小さなレンゲ祭りでしたが、キラキラ光るお花とほのかな香りに、時間を忘れて撮影しました。

撮影地：埼玉県
久喜市れんげ祭り

4月

桜草
さくらそう

花ことば
憧れ、純潔

開花時期
4月〜5月

🌸 桜に似た形の可愛い花を咲かせるサクラソウ。江戸時代に武士の間で流行し親しまれていました。
📷 cosmos_skydog　楽しく踊るように咲いている姿をファインダー越しに見たら、綺麗な虹のような光がかかってくれました。
撮影地：愛知県
安城産業文化公園デンパーク

花水木
はなみずき

花ことば
返礼、私の思いを受け取ってください

開花時期
4月〜5月

🌸 明治時代末期、当時の東京市長がアメリカのワシントン州にソメイヨシノを贈呈し、その返礼としてハナミズキが日本に贈られました。
📷 zi_greenhorn　薄紅色の花が所狭しと咲いていて思わず目が惹かれました。
撮影地：埼玉県
国営武蔵丘陵森林公園

皐月(さつき)

5月

5月の美しい花風景

立夏(りっか)　5月6日頃
暦の上では夏の始まり。景色は新緑にあふれ、すこし汗ばむ陽気に夏の気配を感じ始める頃。

小満(しょうまん)　5月21日頃
あらゆる生命が満ち満ちして作物も成長する頃。田植えの準備が始まり田に水が張られます。

　花見に忙しかった季節は少し落ち着いて、行く春を惜しみながらも、新緑に映える花々をじっくりと楽しめる頃。4月から咲いているツツジやボタンはまだまだ見頃、そしていよいよ「花の女王」と称されるバラが咲き誇る季節です。バラの香りに包まれて、優雅な気分に浸りましょう!
　花の便りは北国や山々まで届き、風薫る自然豊かな場所でも花々が咲き始めます。
　初夏の香りを楽しんで、体の中からリフレッシュできる5月の花風景に花まるを。

新潟県　みつけイングリッシュガーデン
JR見附駅から徒歩30分

薔薇
🌸藤や紫陽花など四季を通して花が楽しめる本格的な英国式庭園。景観環境作りのためにと、市民の方々が維持管理されています。
📷hirobenz250　娘の咲葵と友達のあさちゃん。素敵なバラの下で仲良くシャボン玉♪

岐阜県　花フェスタ記念公園
JR可児駅または名鉄新可児駅からバス
薔薇

🌸 7,000品種のバラが咲き誇る園内はどこにいても優雅な香りが漂います。バラ好きな方なら一日中楽しめる場所。

📷 hidechan7777　綺麗なバラのアーチが素敵でした。

▶ 千葉県　京成バラ園
東葉高速鉄道八千代緑が丘駅から徒歩15分
薔薇

🌸 バラに囲まれたガゼボが素敵。欧米では、ガゼボの下で結ばれた2人は一生住む場所に困らないと言われています。

📷 sayu.sayu　バラの花と、バラの香りと、光のベールがブレンドされて心地良い優しさがあふれた光景でした。

▼ 大阪府　ひらかたパーク
京阪電車枚方公園駅から徒歩5分
薔薇

🌸 東洋一のバラ園を目指し、1955年に「ひらかた大バラ園」として誕生しました。60年以上もの歴史があるバラ園です。

📷 nico__0205　色とりどりのバラがたくさん咲き誇っていて、とても綺麗でした。遊園地だからこそ、乗り物+バラのメルヘンな世界が楽しめます。

神奈川県 ・ 横浜イングリッシュガーデン
相鉄平沼駅から徒歩10分
薔薇
🌸 バラが見事に咲き誇る豪華なアーチは必見。紫陽花やハロウィンの季節も素敵な展示が行われ四季を通して楽しめます。
📷 loookieove　これほど優美でよい香りに包まれたトンネルがあるでしょうか。何度も歩きたくなり高揚する気持ちをおさえきれません。

長野県　上高地　徳沢
上高地バスターミナルから徒歩2時間
二輪草
🌸 満開のお花畑に嬉しくなる気持ちは、お猿さんや他の動物たちも一緒のようですね!!
📷 matochan1967　遅めの春を迎えた上高地徳沢のニリンソウの大群生地。そこに偶然いた人懐っこいお猿さん。とても素敵な表情でお花摘みをしていました。

栃木県　日光市上三依水生植物園
野岩鉄道上三依塩原温泉口駅から徒歩7分
九輪草
🌸 森の中を可憐に彩るクリンソウ。他にもスズランやケマンソウやメコノブシスなど、魅力的な花々を楽しむことができます。
📷 kaeeru13　色とりどりのクリンソウ。毎年会いに行きたくなります。

5月

徳島県　かずら橋山草園
徳島自動車道井川池田ICから約1時間
熊谷草

🌱 蘭の仲間で絶滅危惧種のクマガイソウが自然の中でひっそりと咲き乱れます。いつまでも大切にしたい光景です。

📷 kunihito_ohtsubo　朝霧がかかる幻想的な森の中に群生するクマガイソウに感動しました。

沖縄県　東南植物楽園
沖縄自動車道沖縄北ICから約5分
翡翠葛
🌸藤棚のように咲き乱れるヒスイカズラのカーテン。翡翠のように鮮やかなエメラルドグリーンは釘つけになるほどです。
📷 koki_oki　ヒスイカズラの花言葉は「私を忘れないで」。一度見ると忘れることはできないとても魅力的な色をしていました

石川県　萬年寺
のと鉄道穴水駅からバス　下車後徒歩5分
躑躅
🌸能登の人々に守られてきた真紅の「のとキリシマツツジ」。能登半島には樹齢100年以上の古木が500本以上も点在しています。
📷 takashikick　気さくなご住職さんが真っ赤に彩られた境内を案内してくれたのがいい思い出です。

5月

島根県　由志園
JR松江駅からバス
牡丹

🌸 お寺のご住職が修行の際に持ち帰ったのが始まりと言われ農家に普及した牡丹。由志園のある大根島は日本一の牡丹の産地です。

📷 kunihito_ohtsubo　池泉牡丹の最終日に1日限定で登場する「黄金の池泉牡丹」は、まさに奇跡の絶景でした。

> 5月の美しい花々

鈴蘭
すずらん

> 花ことば

幸せが再び訪れる、純粋

> 開花時期

4月〜5月

"リンリン"と可愛い音色で幸せを呼んでくれそうなスズラン。フランスでは5月1日はスズランの日です。路上などでスズランの小さな花束が売られ、親しい人や家族に、幸せの象徴であるスズランを贈る習慣があります。受け取った人には幸せが訪れると言われています。

🌸 このお写真を眺めているだけで幸せの音色が聞こえてきそう。スズランの日にみなさんに贈りたい1枚です。
📷 kambara_nature　可憐な姿に心惹かれ、鈴が優しく響くように木漏れ日の玉ボケを重ねてみました。
撮影地：東京都　国営昭和記念公園

メコノプシス

花ことば
深い魅力、神秘

開花時期
5月～7月

🌸「ヒマラヤの青いケシ」や「ブルーポピー」と呼ばれます。自生種は標高3,000m級のヒマラヤの山岳地帯でしか見ることができないため登山家も憧れる花です。
📷 fuku.sat 天上の妖精と言われる花は、青い花びらに光が透けて幻想的でした。
撮影地：兵庫県 六甲高山植物園

ブラシの木

花ことば
恋の炎、はかない恋

開花時期
5月～6月

🌸原産地であるオーストラリアではよく起こる森林火災で木が焼けたときに、実が割れて種子が飛び散るのだそう。
📷 yu_o.o_ki 初夏のガーデンが一押しの「フローリィ」でブラシの木を発見！ イロカタチが面白い。
撮影地：石川県
花のミュージアム「フローリィ」

勿忘草(わすれなぐさ)

花ことば
私を忘れないで、真実の友情

開花時期
4月～5月

🌸悲しそうなイメージのワスレナグサですが、原産地であるヨーロッパでは古来から友情のシンボルとして愛されています。
📷 drop_in_a_moon 花言葉の「私を忘れないで」から、切なさも感じる可愛い花。春の花の名脇役だと思います。
撮影地：静岡県 浜名湖ガーデンパーク

華鬘草(けまんそう)

花ことば
あなたに従う、恋心

開花時期
5月〜6月

🌸 お寺の装飾品の華鬘から名付けられました。釣り竿に鯛が下がっている様子から「タイツリソウ」の別名で呼ばれることが多いです。

📷 a._photo_diary　チリンチリンといまにも音を立てて踊りだしそう♪　小さくて可愛いお花です。

撮影地：滋賀県
ローザンベリー多和田

ルピナス

花ことば
いつも幸せ、想像力

開花時期
4月〜6月

🌸 昇り藤とも呼ばれます。古代ヨーロッパではルピナスを食べると心が明るくなり、想像力が高まると信じられていたそうです。

📷 hanabiei　色とりどりのルピナスがフレームに入りきらないほどに咲き誇り、広大な北海道ならではの夢のような風景でした。

撮影地：北海道
フラワーランドかみふらの

水無月
みなづき
🌸6月

6月の美しい花風景

芒種 6月6日頃　穀物の種を播いたり、稲の苗を植え付ける時期。ほとんどの地方が梅雨に入ります。
ぼうしゅ

夏至 6月22日頃　1年で昼が最も長く夜が最も短くなる日。地域によりタコや小麦餅を食べて豊作を願います。
げし

愛知県　御裳神社
名鉄一宮駅またはJR一宮駅からバス、
下車後徒歩15分
紫陽花
　水に浮かぶ紫陽花が美しいと大人気！
地域の方々の気遣いで多くの人が笑顔になる、虹色の手水舎です。
◎ hiro.ta__　コロコロと可愛い色とりどりの紫陽花が、所狭しと浮かんでいました。優しくもあり美しい色合いに終始笑顔になりました。

　北海道以外は梅雨入りし、雨の日が多くなる頃。いまではニュースで梅雨入りが伝えられますが、昔の人たちは花菖蒲の原種であるノハナショウブの開花で梅雨入りを知りました。
　紫陽花はさまざまな場所を虹色に描き、手水舎の水の中までも美しい色どりを添えてくれます。水に浮かんだ紫陽花からは、おもてなしのあたたかさも感じます。梅雨晴れの日には、爽やかに香るハーブの花々でリラックス。朝夕は、うっとりする梅雨夕焼の空の色。
　恵の雨が咲かせてくれるオアシスのような6月の花風景に花まるを。

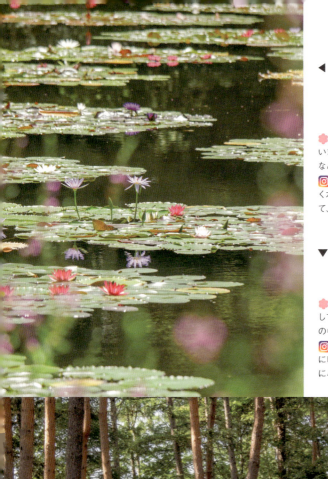

◀ 高知県
北川村「モネの庭」マルモッタン
土佐くろしお鉄道奈半利駅からバス
睡蓮

🌸 クロード・モネの自宅の庭が再現されています。睡蓮をはじめ、チューリップやバラなど四季折々の花に彩られます。

📷 hikaridon_2828　青い睡蓮が咲く水の庭に、色とりどりの睡蓮が咲いていて、暑さを忘れさせてくれました。

▼ 長野県　蓼科山聖光寺
JR茅野駅からバス
フランス菊

🌸 お寺の三門をくぐると、木立の中で自生している真っ白なフランス菊。まるで絵本の中のような光景です。

📷 peeeeco　境内を埋めつくす、新緑に映える白いお花たちの生き生きとした姿に心を奪われました。

6月

三重県

メナード青山リゾート　ハーブガーデン
名阪国道上野東ICまたは
伊勢自動車道久居ICから約30km

カモミール

🌸 大地のリンゴと言われ、ほのかにリンゴのような香りが漂うカモミール。満開のお花畑でたっぷりとリラックスできます。

📷 etsuyo623　可憐な花が風に揺れる姿も美しく、漂う甘い香りに癒されました。

宮崎県　桃源郷岬
JR門川駅から車で約10分
紫陽花

🌸 波の音を聴きながら楽しめるあじさい園。他に、ブーゲンビリアやジャカランダなども咲いています。

📷 yuki_kuroda_photo　満開の紫陽花を見に天気のいい日に出かけました。15時頃は西日で海と空の色が綺麗に撮影できます！　宮崎では人気のスポットの1つです。

▶ **千葉県　佐倉ラベンダーランド**
　　山万ユーカリが丘線女子大駅から徒歩24分
　ラベンダー

🌸 千葉県でも北海道の富良野のようなラベンダー畑を見ることができます。夕焼けの色がラベンダーによく合いますね。

📷 o0hisashi0o　ラベンダー畑に広がる花の香りと静かに染まっていく夕日は最高の時間でした！

▼ **岩手県**
　錦秋湖川尻総合公園あやめ園
　　JRほっとゆだ駅から徒歩20分
　花菖蒲

🌸 東北地方では紫陽花や花菖蒲などは7月に最盛期を迎えるところが多く、梅雨が明ける頃まで楽しめます。

📷 xtys14　朝焼けに染まるアヤメがまるで宝石のように浮かび上がります。

6月の美しい花々

山荷葉
(さんかよう)

花ことば
親愛の情、幸せ

開花時期
5月〜7月

　いつもは真っ白な花弁をしているサンカヨウ。ところが雨や朝露などの水分をゆっくりと吸うと、ガラス細工のように透明な花弁になり、神秘的な姿を見せてくれます。乾くとまた白く戻る不思議な花です。なぜ透明になるのか、その仕組みはまだ詳しく解明されていません。雨の日が楽しみになるお花ですね。

🌸 少し涼しい高地などで自生しています。花も開花から1週間弱しかもたないので、透明なサンカヨウには簡単には出会うことができません。

📷 ware_yuu_sp_vo　撮影者には悪条件でしか出会えない、雨に濡れると透ける花にやっと出会えたときは感無量でした。

撮影地：福井県　大野市内

睡蓮(すいれん)

花ことば
純粋な心、信頼

開花時期
6月〜9月

🌸 朝目覚め、夕方になると眠る睡蓮。開花から3日程度で花を終えると水の中へと儚く沈んでいきます。

📷 ryovu　睡蓮のリフレクションがとても綺麗だったので、しっとりした雰囲気に仕上げました。

撮影地：静岡県　掛川花鳥園

美容柳(びようやなぎ)

花ことば
気高さ、多感

開花時期
6月〜7月

🌸 梅雨の季節には珍しいビタミンカラーの花が目を引きます。近くで見るほど魅力的なお花なのでぜひ接写で撮影してみてください。

📷 jinsunsun　長い雄しべが特徴のビヨウヤナギ。ユラユラと光を受けて綺麗に咲いてました

撮影地：東京都　立川市内

カモミール

[花ことば]
逆境で生まれる力、あなたを癒す

[開花時期]
4月〜7月

🌸 カモミールは踏まれれば踏まれるほど上を向いて育つと言われ、その特性からこんなに素敵な花言葉がつけられました。

📷 __megu__myworld__　たくさんの種類のハーブが咲き誇り、鳥海山も見えます。ずっと残したい景色です。

撮影地：秋田県　ハーブワールドAKITA

ジャカランダ

[花ことば]
名誉、栄光

[開花時期]
5月〜6月

🌸 カエンボク、ホウオウボクとあわせて世界三大花木と称されます。花の散り際まで美しく「南半球の桜」とも言われます。

📷 rirereve　熱海の初夏を告げるジャカランダ。ジャカランダの花が頭に落ちると幸せが訪れると言われています。

撮影地：静岡県　ジャカランダ遊歩道

更紗満天星（さらさどうだん）

[花ことば]
喜びあふれ、明るい未来

[開花時期]
5月〜6月

🌸 白い鐘のようなベル状の花に更紗染めのおめかしをしたサラサドウダン。秋には葉が染まり紅葉も見事です。

📷 kuma_emi　雨上がりの可愛らしい通称「風鈴ツツジ」♪　嬉しそうにキラキラ輝いていました。

撮影地：北海道　札幌市内

文月 (ふみづき)

7月の美しい花風景

小暑 (しょうしょ) 7月7日頃
梅雨が明け始め本格的に暑くなる頃。暑中となり、暑中見舞いが出されるようになります。

大暑 (たいしょ) 7月23日頃
梅雨が明けて太陽が照りつける1年でいちばん暑い頃。各地で花火大会が開催されます。

　1年でいちばん暑い時期。炎天下の日中は外でゆっくり花を楽しめないほど。そんな季節は少し標高を上げていきましょう!「お花畑」という言葉は本来、高山植物の群生を意味します。

　夏は高山植物が花盛り。派手さはなくとも、大自然の中で貴重な花々が咲き乱れる光景は、いつもとは違う感動があります。ハイキングが苦手な方は、この時期には花園となるスキー場のユリ園もオススメです。

　山の上にお花畑が広がる7月の花風景に花まるを。

富山県　立山　室堂
立山黒部アルペンルート内
チングルマ

🌸 白く可愛い花を咲かせるチングルマですが、立山周辺では薄桃色の「タテヤマチングルマ」を、稀に見ることができるそう。

📷 umakichi116　地上の楽園のような絶景に夢中になってシャッターを切りました。

長野県　霧ヶ峰
JR茅野駅からバス
ニッコウキスゲ

🌸 ハイキングが苦手な方でも大丈夫。見晴らしの良いビーナスロードをドライブしながら一面のニッコウキスゲを楽しめます。

📷 osmic9394　梅雨明けの頃、ここは天空のお花畑に変身。夏雲に黄色がよく似合います。

青森県　ベンセ湿原　※見頃は6月です。
JR木造駅から車で約20分
ニッコウキスゲ

🌸 こちらのニッコウキスゲは6月に最盛期を迎えます。7月には花菖蒲の原種であるノハナショウブが咲き乱れます。

📷 1014ryo　地域の人々の努力によって年々ニッコウキスゲの花の数が増えています。綺麗な湿原です。

7月

長野県　八方尾根
JR白馬駅からバス
ニッコウキスゲ

🌸 八方池へ向かう途中に出会える景色。残雪の北アルプスと山吹色のニッコウキスゲのコントラストが最高です。
📷 takechan86　大自然の白馬三山をバックにイキイキと咲いていて心奪われました！

群馬県　野反湖　カモシカ平
JR長野原草津口駅からバス
下車後登山
ニッコウキスゲ

🌸 野反湖周辺のニッコウキスゲは、地元では「ノゾリキスゲ」と呼ばれています。
📷 n_atamo3　頑張って登ったご褒美と言わんばかりに咲き乱れるノゾリキスゲ。感動して夢中でシャッターを切ったのをいまでも覚えています。

富山県　雲ノ平　祖父岳
※数日間の登山が必要

チングルマ

「日本最後の秘境」と言われる雲ノ平は高山植物の宝庫。簡単にはたどり着けない場所にある天空のお花畑です。

7010._.5　夏の北アルプス縦走で見かけた可憐な高山植物たちに心が和みました。

7月

長野県　栂池自然園
JR白馬駅からバス
ニッコウキスゲ

🌸 大自然の中でのハイキングは気持ちよく、1日中歩いていられるほど。

📷 Icookieove　標高1,900mの高層湿原にある群落です。ニッコウキスゲのミルキーなイエローオレンジはユニークな彩りです。優しくて心惹かれます。

山形県　いいでどんでん平ゆり園
JR萩生駅から徒歩30分
ユリ

🌸 東日本最大と言われるユリ園。どーんと滑って、でーんと転ぶことから"どんでん平"という楽しそうな園名にも惹かれます。

📷 **kuuto1469**　ユリが満開になる頃は、いつも暑くて大汗をかきながら撮影しました。

▶ 滋賀県　びわこ箱館山ゆり園
JR近江今津駅からバス

ユリ

🌸 琵琶湖を眺めることもできる素敵なロケーション。秋にはコキアも楽しめます。
📷 amamyee　青空の下、鮮やかに咲く姿にパワーを頂きました。

▼ 岐阜県　ダイナランドゆり園
東海北陸自動車道
高鷲ICから約10分、
ひるがの高原SAスマートICから約15分

ユリ

🌸 満開のユリの中を楽しそうに走るトレイン。子供が遊べるコーナーもあり家族でゆっくり楽しめるユリ園です。
📷 tamabokesan　暑さも忘れてメルヘンな世界にときめいた日♪

7月の美しい花々

ニッコウキスゲ

花ことば
日々新たに、心安らぐ人

開花時期
6月〜8月

初夏の高原や湿原を山吹色に染め、清々しい安らぎをくれるニッコウキスゲ。見頃は10日ほど続きますが、実は朝に開花して夕方にはしぼんでしまう儚い1日花なのです。数個の蕾が順に開花し、毎日新しい花を咲かせています。

🌸 ノビタキの撮影場所としても知られる車山高原。お花畑の中で楽しそうに飛び回る愛らしい姿も見ることができます。

📷 kaze_photo　満開のニッコウキスゲに留まったノビタキ。花と野鳥の風景に夢中でシャッターを押しました。

撮影地：長野県　車山高原

時計草
とけいそう

[花ことば]
信仰、聖なる愛

[開花時期]
5月〜9月

🌸 上から見ると時計の盤面に見えることから名付けられました。十字架に架けられたキリストに後光が差すようだとも言われます。
📷 nawo71　温室に、ひっそり咲いていた一輪のトケイソウ。パープルのドレスが、妖艶さをいっそう引き立てていました。
撮影地：福岡県　福岡市植物園

駒草
こまくさ

[花ことば]
高嶺の花、誇り

[開花時期]
7月〜8月

🌸 花の形が馬（駒）の顔に似ているため駒草と名付けられましたが、ハート形のジュエリーのように美しい高山植物です。
📷 itokyon.mooch　「高山植物の女王」と呼ばれ、岩肌の斜面に愛らしく可憐に咲き、山の疲れをホッと忘れてしまいました。
撮影地：長野県　白馬五竜高山植物園

捩花
ねじばな

[花ことば]
思慕

[開花時期]
4月〜10月

🌸 螺旋の向きは、右巻き・左巻きのどちらもあります。公園や道路脇などでも見られるので、好みの曲線美を探すのも楽しそう。
📷 kaorinsmiletime　野に咲く小さな花が好きで、このネジバナを見つけて撮影しました。
撮影地：大阪府　大阪市内

綿菅
わたすげ

花ことば
努力する、揺らぐ想い

開花時期
5月～8月

🌸 5月から6月に花を咲かせ、その後に白い綿毛になります。小さな綿飴がたくさん浮いているようです。

📷 oniku514　尾瀬の花でいちばん地味だけど大好きなワタスゲ。今年もふわふわでした。

撮影地：福島県　大江湿原

エキナセア

花ことば
あなたの痛みを癒します、深い愛

開花時期
6月～8月

🌸 ハーブであるエキナセアには、免疫力を高める効果があります。見た目が可愛いだけでなく体の中から癒してくれるお花です。

📷 nana_pic_　公園の一角を覗き込んだら、そこにはふんわりと暖かな空間が広がっていました。

撮影地：北海道　百合が原公園

わんこと一緒に楽しみたい！
日本の美しい花風景

美しい花々を見てときめく気持ちはわんこも同じ♡　素敵な景色は、わんこと一緒に楽しみたいですよね！
お花畑をお散歩中の可愛いわんこたちが大集合！

ハチくん♂

🌸 紫陽花を眺めてうっとりするハチくん。花をじっくりと見つめる眼差し、男前ですね！

📷 issyrider　春先には見事に咲き誇る梅の名所、筑波山梅林。あまり知られていませんが、夏前にはたくさんの紫陽花が咲きます。

撮影地：茨城県　筑波山梅林

はるちゃん♀

🌸 コスモスのお花が美味しそうに見えたのか、ペロっと味見をするような表情がとても愛らしい、はるちゃん。

📷 gomashiba_haruchan
上を向いてひたむきに咲くコスモスと最高に可愛い笑顔が撮れました。

撮影地：山口県　山口市内

左：マメちゃん♀　右：ペロくん♂

🌸 お揃いの帽子がとってもオシャレ♡　お花畑の妖精のようにCuteで仲良しのマメちゃんとペロくん。

📷 nagico1121　カラフルなお花たちがうちのわんこたちをさらに可愛く引き立たせてくれました。彩りがとても綺麗でまるで童話の世界のようでした。

撮影地：神奈川県　里山ガーデン

はなちゃん♀

🌸 クリクリお目目の美人さん、はなちゃん。水仙の良い香りと一足早い春の景色に目がキラキラ輝いていますね。

📷 forget_me_not_220　早春に咲く安行寒桜を愛でながら愛犬と歩く優しい時間。春の息吹を感じる瞬間でした。

撮影地：埼玉県　北浅羽桜堤公園

いろはちゃん♀

🌸 こんな素敵な表情、人間でもなかなか真似できません！　大女優顔負けの笑顔が素敵な、いろはちゃん。

📷 yuko36iroha　沈む夕日の中でキバナコスモス畑を眺めながらオレンジ色に染まるいろはが、嬉しそうに笑ってくれていました。

撮影地：愛知県　愛知牧場

ぽんずちゃん♀

🌸 ホテイアオイのお花畑がとってもお似合いの、ぽんずちゃん。嬉しそうで無邪気な笑顔に癒されます。

📷 kosa_photo　一面に広がるホテイアオイに包まれるように構図を調整しながら、ぽんずを可愛く撮ってみました。

撮影地：奈良県　本薬師寺跡

葉月 (はづき)

8月の美しい花風景

立秋 (りっしゅう) 8月8日頃
暦の上では秋の始まり。この日を過ぎると季節のあいさつも残暑見舞いに変わります。

処暑 (しょしょ) 8月23日頃
暑さが収まり朝夕に涼しい風を感じるようになる頃。台風シーズンの到来でもあります。

「8月1日 晴れ。
今日は家族でお花畑へ行きました。
ピンク色のお花がキレイに咲いていました。
とても楽しかったです。」

　色鉛筆やクレヨンで、絵日記に描きたくなるような夏の花風景。暦の上では秋ですが、まだまだ夏真っ盛り。夏の青い空の下、暑さに負けずに元気に咲いて、楽しい夏を彩ってくれます。

　お盆を過ぎる頃になると、ようやく景色も少し秋めいて、楽しかった夏休みが終わってしまう物寂しさも感じます。

　童心にかえることができる8月の花風景に花まるを。

千葉県　マザー牧場
JR君津駅または佐貫町駅からバス

ペチュニア

🌸 ペチュニアを品種改良した「桃色吐息」。見晴らしの良い山肌一面が鮮やかなピンク色に染まる絶景のお花畑です。

📷 matsutaka.photo　まるで絨毯のように一面に広がるペチュニアの花畑に心踊りました。来年もまた訪れたいと思います。

広島県　世羅ゆり園

尾道自動車道 世羅ICから約30分
または吉舎ICから約25分

ペチュニア

🌸 ピンク色の絨毯が広がり可愛い景色を楽しめます。オシャレな自転車やソファなど園の方々の気配りも感じることができます。

📷 hikaridon_2828　一面のペチュニアの花畑は、暑さも忘れるくらい素晴らしく、別世界にいるようでした。

岐阜県　牧歌の里

東海北陸自動車道
ひるがの高原SAスマートICから約4分

アルストロメリア

🌸 南米のアンデス山脈が原産のアルストロメリアは、「インカ帝国のユリ」と言われます。和名は「百合水仙」です。

📷 takashikick　夏空の下、カラフルなアルストロメリアが咲く高原の風景は爽快感がありました。

8月

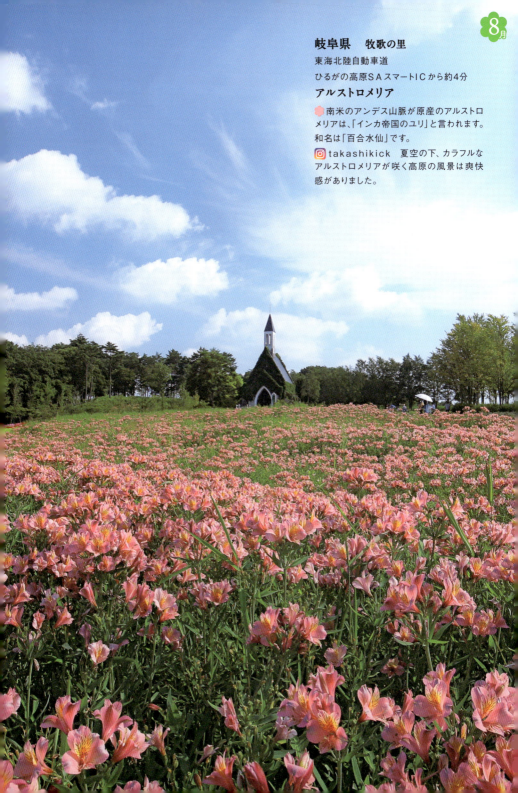

◀ **熊本県　ヒゴタイ公園**
　JR宮地駅から車で約30分
平江帯

🌸 絶滅危惧種のヒゴタイと秋の七草であるオミナエシのコントラストは、阿蘇ならではの美しい夏の花風景です。

📷 _hirolin_loves_flowers　夏の阿蘇。美しい風景の中にあっちにもこっちにも可愛らしいヒゴタイが咲いていて楽しい場所です。向こうに見える阿蘇の山々に癒されました。

▼ **北海道　そばの花展望台**
　道の駅森と湖の里ほろかないから
　車で約10分
蕎麦

🌸 北海道らしい見渡す限りのソバ畑。幌加内町のソバ畑は作付面積日本一と言われています。

📷 makotom2　青空の下に広がる幌加内町のソバ畑。展望台からの景色はとても綺麗でした。

8月

北海道
北海道立サンピラーパーク
JR名寄駅からバス

向日葵

🌸 冬はサンピラーが見られることでも有名な名寄市。真夏の青空の下に広がるヒマワリ畑も絶景です。

📷 makotom2　道北にある、星空とヒマワリの街。北海道名寄市のヒマワリ畑をたくさんの方に見に来て頂きたいです。

岩手県　小岩井農場
JR盛岡駅からバス
向日葵
🌸 牧場内に数キロに渡って植えられているヒマワリ。春は菜の花の黄色い絨毯が広がります。
📷 xtys14　岩手山をバックに青空とヒマワリの絨毯が岩手の夏を彩ります。

茨城県　明野ひまわりの里
JR下館駅からシャトルバス
(特定日運行)
向日葵
🌸 八重咲きのヒマワリが100万本咲き誇ります。朝日が昇る筑波山も絶景です。
📷 pure_photomagic　筑波山の麓に咲く東北八重ヒマワリ。毎夏、最後にヒマワリを撮影する場所です。

山梨県　花の都公園

富士急行富士山駅
またはJR御殿場駅からバス

百日草

🌸 花畑と富士山を一緒に撮影できることで有名ですが、富士山とは逆側に目を向けても美しい景色が広がっています。

📷 kytnc1397706　真夏の花の都公園に咲き乱れる一面の百日草。朝日に照らされる瞬間は美しく、まさに天国のような光景です。

8月

8月の美しい花々

桔梗
き きょう

花ことば
永遠の愛、気品

開花時期
6月〜10月

　秋の七草として『万葉集』で詠まれたり、家紋に使われたりなど、古くから日本人が愛してきた桔梗。園芸種は広く出回っていてさまざまな場所で楽しめますが、山などで咲く自生種は絶滅危惧種に分類されています。いつまでも自然の中で、気品のある紫色の花を咲かせ続けてほしいですね。

🌸 星の形を連想させる花姿が可愛い桔梗。陰陽道の魔除けのシンボル五芒星も「桔梗印」と呼ばれています。

📷 daichi_xa1　とても形が綺麗な桔梗が咲いていました。まるで星が3つ並んでいるようです。

撮影地：大阪府　大阪市立長居植物園

ペチュニア

花ことば
あなたと一緒なら心が和らぐ、心のやすらぎ

開花時期
3月〜11月

🌸 暑さに強いペチュニアはガーデニングに人気です。「花壇の女王」とも呼ばれています。

📷 nonnon713　背景がピンクのペチュニアで、黄色のペチュニアがより綺麗に引き立てられました。

撮影地：静岡県　掛川花鳥園

千日紅(せんにちこう)

花ことば
色あせぬ愛、不朽

開花時期
5月〜11月

🌸 野イチゴのような可愛い花姿が人気のセンニチコウ。千日ほど楽しめる見頃の長さも魅力です。

📷 tajimo.blue　ポンポンと丸い形と紅色の組み合わせ、さらに背景にも丸い形をした玉ボケが重なり可愛らしい雰囲気になりました。

撮影地：東京都　木場公園

鷺草
さぎそう

花ことば
夢でもあなたを想う、無垢

開花時期
7月〜9月

🌸 素敵な花言葉が写真から伝わってきます。サギソウを見に行きたくなる魅力的な1枚です。

📷 osmic9394　夏の暑い日差しから逃げ込んだ水辺の木陰で、雲海を飛ぶ鷺を見ました。

撮影地：静岡県　三島市源兵衛川

百日草
ひゃくにちそう

花ことば
不在の友を想う、幸福

開花時期
5月〜11月

🌸 長い間鮮やかに咲くため、すぐに会えない親しい人を想う花言葉がつけられました。「ジニア」とも呼ばれます。

📷 8ru_photo　幼い頃、この場所によく連れてきてくれたいまは亡き祖父に、一輪の花を贈るイメージで撮影しました。

撮影地：神奈川県　くりはま花の国

栃木県　那須フラワーワールド
東北自動車道白河ICから約12分、
那須ICから約24分

鶏頭
🌸 那須連峰を望む広大な景色の中で、地上絵のように色鮮やかなケイトウが咲き並びます。
📷 __butterfly67__　一面のカラフルな花畑の中、神秘的な光に包まれました。

長月（ながつき） 9月

9月の美しい花風景

白露（はくろ）	9月8日頃	朝夕が涼しくなり草花に白露が宿る頃。ゆっくりと秋の訪れを感じられるようになります。
秋分（しゅうぶん）	9月23日頃	昼と夜の長さがほぼ同じになる日。この日を真ん中に前後1週間が秋の彼岸です。

　夏休みが終わると徐々に秋色に移り変わる花風景。ケイトウやキバナコスモスの色は鮮やかであるのに、なぜか心にすっと溶け込んできます。優しい萩色に癒されながらトンネルをくぐれば、秋の七草が咲く万葉時代へタイムスリップしたような気分。そして、ご先祖様を思い出す真っ赤な彼岸花と、白くて素朴な蕎麦の花が、のどかな景色を紅白に彩ります。少し肌寒く感じる秋風や、淡く澄んだ日差しとともに、懐かしい頃の思い出も一緒に咲かせてくれているようです。
　古き良き昔を思い出す9月の花風景に花まるを。

宮城県　やくらいガーデン
JR古川駅から車で約40分
鶏頭　他

🌸 広大な敷地に、ケイトウ、バーベナ、サルビアなど、彩り豊かな花々が秋色の絨毯を敷き詰めます。

📷 taku__0715　四季を通してさまざまな花が園内に咲いています。特にふるるの丘一面の花のグラデーションは素晴らしく、いつまでも見ていられる風景でした。

富山県　IOX-AROSA　イオックス・アローザ

北陸自動車道福光ICから約15分

黄花コスモス

🌸 真っ白な冬とは違うオレンジ色の景色を眺めながら、ゴンドラも嬉しそうに進んでいきます。

📷 _____mimosa.619_____　ビタミンカラーのキバナコスモスに元気をもらいました♡

北海道　太陽の丘えんがる公園

JR遠軽駅から車で約8分

黄花コスモス

🌸 日本最大級のコスモス園。北海道では9月頃がコスモスの最盛期です。

📷 yascolo2　まるで黄金色の絨毯のようでした！　大雨が上がった後に太陽の光が差し込み、一層輝きを放っていました！

9月

岐阜県　椛の湖自然公園
中央自動車道中津川ICから約30分
蕎麦

🌸 小高い丘を上っていくと、まるで別世界のように突如現れるソバ畑。広い空の下で爽快な景色を楽しめます。
📷 chikatatsu　幻想的な世界。素晴らしかったです。地元の方の美意識の高さに感嘆しました。

北海道
卯原内サンゴ草群生地
JR網走駅からバス　下車後徒歩5分
サンゴ草

🌸 満潮時には多くが水に浸かってしまうため、訪問は干潮の前後がおすすめ。
📷 motion.imaging　夏が終わった秋口、仲間と道東を撮影してまわりました。サンゴソウの赤色が印象的でした。

東京都　府中市郷土の森博物館
武蔵野線・南武線府中本町駅、
京王線・南武線分倍河原駅、
西武多摩川線是政駅から徒歩20分
萩

🌸 フィルムの優しい風合いが、懐かしい雰囲気をより一層引き出してくれます。

📷 s_kinami_　フィルムで萩のトンネルを撮りました。夏から秋に季節が変わる狭間で、優しいグリーンと可愛らしいピンクの花の下をくぐり抜ける楽しさを感じてください。

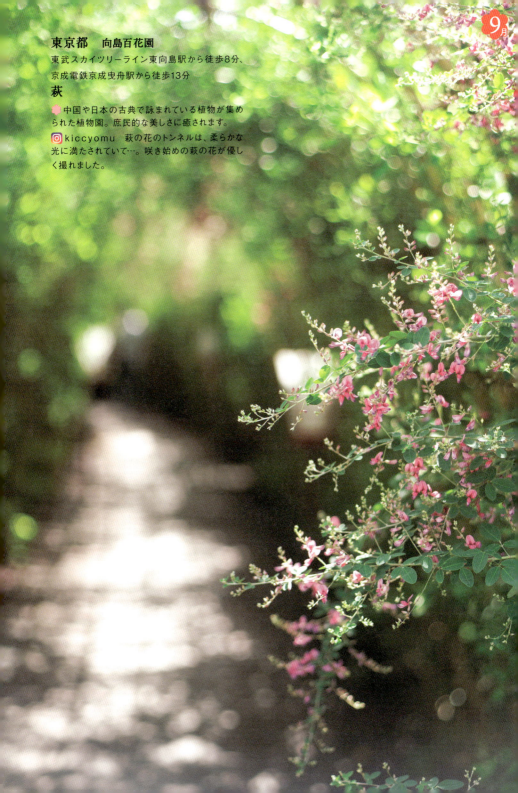

東京都　向島百花園
東武スカイツリーライン東向島駅から徒歩8分、京成電鉄京成曳舟駅から徒歩13分

萩

🌸 中国や日本の古典で詠まれている植物が集められた植物園。庶民的な美しさに癒されます。

📷 kiccyomu　萩の花のトンネルは、柔らかな光に満たされていて…。咲き始めの萩の花が優しく撮れました。

9月

宮城県 羽黒山公園
東北自動車道古川ICから約13分、
または長者原スマートICから約5分
彼岸花

🌸 朝日や夕日の斜光は、彼岸花をより真っ赤に美しく染めてくれます。

📷 nao_____ya 小高い丘の斜面を埋め尽くす曼珠沙華の妖艶な美しさに息を呑みました。

▶ **鹿児島県**
　鹿児島県立吉野公園
　　JR鹿児島中央駅からバス

　彼岸花

🌸 桜島を望む広大な公園の中に咲く彼岸花。懐かしい時代に戻れるタイムトンネルのようにも見えますね！

📷 jun_aug　空に向かって咲く彼岸花を見たくて360度カメラで撮りました。勢いよく咲く姿が撮れたかなと思います。

▼ **熊本県**　南阿蘇村　久木野
　　JR立野駅から車で約30分

　蕎麦

🌸 南阿蘇村は、隣の阿蘇市波野とともにソバの産地です。田園風景の中に広がるソバ畑に、懐かしさを感じます。

📷 saw.c　9月の南阿蘇村から望むソバの花畑と阿蘇山のパノラマ景色は圧巻です。

9月の美しい花々

白玉星草
しらたまほしくさ

花ことば
純粋な心

開花時期
8月～10月

　草花につく白露のように、丸くて小さい花を咲かせる白玉星草。その名のとおり、散りばめられた星のように可憐に儚く咲き乱れます。子供の頃に食べた素朴で甘い金平糖にも見えるため、「金平糖草」とも呼ばれます。

🌸 絶滅危惧種に指定されています。園芸種も出回っていますが、自生する姿は主に東海地方の湿地帯で見られます。

📷 pcx758　「湿原の星」、日本固有種の白玉星草。無数の白い花が秋風に優しく吹かれてたたずんでいました。
撮影地：愛知県　愛知県森林公園

萩(はぎ)

花ことば
思案、内気

開花時期
7月～9月

🌸 秋の七草の1つ。控えめで品のある美しい姿は、古来より多くの人を魅了し親しまれてきました。
📷 momiji.michi　陽光を浴びた小さな花びらは、宝石のアメジストのように煌めいていました。
撮影地：東京都　八王子市内

黄花(きばな)コスモス

花ことば
野性的な美しさ

開花時期
6月～10月

🌸 早い名所では8月から見頃を迎えるところも。暑さに負けずにたくましく、鮮やかな色で楽しませてくれます。
📷 yuka__shm　真夏の猛暑の中で華やかなビタミンカラーに元気をもらえました。
東京都　浜離宮恩賜庭園

藤袴 (ふじばかま)

花ことば
あの日を思い出す、ためらい

開花時期
9月〜10月

🌸 海を渡って2,000kmも旅をする蝶は、フジバカマの花の蜜が大好物。

📷 d.d.kamei　アサギマダラが長い旅の途中、フジバカマで羽を休めている光景がとても美しかったです。

撮影地：和歌山県
西牟婁郡上富田町内

布袋葵 (ほていあおい)

花ことば
揺れる想い、恋の愉しみ

開花時期
7月〜10月

🌸 孔雀の羽根のようにも見えるホテイアオイの花弁。一日花で夜には萎えてしまいます。花がいきいきしている午前中の見学がオススメ。

📷 kaze_photo　雨に濡れた透明感のあるブルーに魅了されました。

撮影地：群馬県　館林市内

茨城県 国営ひたち海浜公園
JR勝田駅からバス
コキア

🌸 秋はコキアで真っ赤に染まる丘は、春は一面のネモフィラブルー、夏はマリモのようなグリーンが広がり、四季折々に楽しめます。

📷 aki_s_photo　真っ赤に色づいたモコモコのコキアが美しく、可愛らしかったです。

神無月
かんなづき

10月

10月の美しい花風景

寒露 10月8日頃
かんろ
草花に冷たい露がつくようになり山々が秋色に染まる頃。収穫を感謝する秋祭りの時期です。

霜降 10月24日頃
そうこう
朝晩の冷え込みが増し霜も降り始める頃。徐々に冬の気配が感じられます。

　秋が深まり山々から紅葉が降りてくる頃。紅葉が平地まで辿り着く前に、豪華な顔ぶれのお花たちが花盛りの季節のフィナーレを飾ります。真紅に色づくコキアは舞台の緞帳のよう。幕が開けば、情熱の国からやってきたサルビアたちのカーニバルに、ポンポン可愛いダリアたちのスターマイン。そして鈴虫やコオロギの音色にのって歌うコスモスたちのオーケストラ。
　真っ赤な秋をドラマチックに演じてくれる10月の花風景に花まるを。

千葉県　東京ドイツ村
JR袖ヶ浦駅からバス
コキア

🌸 広大な敷地の中でいろんなお花畑が楽しめます。秋はコキアの他に、カラフルなマムのお花畑もおすすめです。

📷 @traveler_sui　コキアの谷をゆっくり下ると、色付いた世界に包み込まれていきました。

▶ **鳥取県**　とっとり花回廊
　　　　JR米子駅からシャトルバス
サルビア

🌸 大山を間近に感じる広大なフラワーパーク。サルビアの赤に染まる頃、大山の紅葉も始まります。
📷 kunihito_ohtsubo　サルビアの燃え立つような赤い絨毯に染まる丘はとても素敵でした。

▼ **埼玉県**　大宮花の丘農林公苑
　　　　JR上尾駅からバス
サルビア

🌸 ブラジル原産の真っ赤なサルビアは、暑さに強く開花期間も長いため、公園の花壇などに多く植えられます。
📷 n_atamo3　一面に咲くサルビアは、まるで真っ赤な絨毯を広げたようでとても綺麗でした。

秋田県　秋田国際ダリア園
秋田自動車道 秋田空港出口から約12分
ダリア

🌸 豪華な花をじっくり見て楽しむことが多いダリアですが、こちらのダリア園は園内の雰囲気も素敵で、ダリアが咲く風景として楽しめます。

📷 maki0303xx　丘の上の可愛い建物をバックに、園内いっぱいにポンポンと咲くカラフルなダリアの風景はまるでおとぎの国のようでした。

10月

▲ 兵庫県　黒川ダリヤ園
能勢電鉄妙見口駅からバス、下車後徒歩20分

ダリア

🌸 花の大きさや草丈、咲き方がたくさんあります。特に「ポンポン咲き」と呼ばれる手毬のような小さなダリアが人気です。

📷 camel8326　ふんわり可愛いダリア。形も色もさまざまなので、きっとお気に入りの一輪を見つけられるはず。

▶ 広島県　世羅高原農場
尾道自動車道 世羅ICから約15分

ダリア

🌸 毎年異なる絵柄が楽しみなダリアの花絵は、鮮やかな絨毯のよう。豪華さにうっとりです。

📷 koyuki.secret　西日本最大規模のダリア畑。色とりどり素敵なデザインの「花絵」は圧巻です。

◀ **大分県　三光コスモス園**
　　JR中津駅からバス
秋桜

🌸 のどかな景色の中で3000万本のコスモスが咲く風景は圧巻です。

📷 **ichijikupai**　白い花ばかりの畑の美しさは他ではあまり見られないのでは…。朝霧の中で可愛らしく咲いていました。

▼ **岐阜県**
　　ひるがの高原　コキアパーク
　　東海北陸自動車道ひるがの高原ＳＡ
　　スマートICから約5分
コキア

🌸 夕日に染まる時間のコキアが、辺り一面に真っ赤な秋を演出してくれます。

📷 **fujihirotanaka**　夕暮れと共に人が去り、壮大な高原でどこか寂しさを感じているコキアを表現しました。

10月

和歌山県
鷲ヶ峰コスモスパーク
阪和自動車道有田IC
または有田南ICから約30分

秋桜

🌸 コスモス畑と夜景を両方楽しめるスポット。昼間はもちろん、夕暮れから夜になるまでずっと眺めていたい景色です。

📷 kosa_photo　夜景がとても素晴らしく、夜に見るコスモスも素敵でした。この日は満月の月明かりでコスモスが浮かび上がりました。

10月の美しい花々

秋明菊
しゅうめいぎく

花ことば
淡い思い、忍耐

開花時期
9月～11月

　すらっとした茎と上品な花に和の趣を感じる秋明菊。古くに中国から渡来した原種は八重咲きの花であったため、菊のような美しい見た目から名付けられました。英名では「japanese anemone」と呼ばれ、実は秋明菊はアネモネの仲間なのです。

🌸 現在では交配により一重咲きの品種の方が知られています。品のある佇まいが美しく、秋に人気のお花です。

📷 tajimo.blue　風に揺れる姿が優しい秋明菊。ピンクの花を大きく広げて可愛らしく咲いていました。

撮影地：東京都　木場公園

姫蔓蕎麦
ひめつるそば

[花ことば]
愛らしい、気が利く

[開花時期]
4月〜11月（真夏を除く）

🌸 道端や公園などで、ふと下に目を向けるとさりげなく咲いているのを見かけます。秋は葉が紅葉してさらに愛らしい姿に。
📷 saya_flora　金平糖をちりばめたような可愛らしい世界が広がっていました。

撮影地：東京都
京王フローラルガーデンアンジェ

金木犀
きんもくせい

[花ことば]
初恋、変わらぬ魅力

[開花時期]
9月〜10月

🌸 ヨーロッパでは、キンモクセイの香りは潜在能力を引き出す効果があると言い伝えられています。
📷 yuka_photogram97　金木犀の優しい香りと秋の日差しが、天然の宝石みたいに光り輝いていました。

撮影地：福島県
21世紀記念公園 麓山の杜

ダリア

[花ことば]
華麗、優雅

[開花時期]
9月〜10月

🌸 優雅な花弁が魅力のデコラティヴ咲きのダリア。たくさん花が集まると夜空を彩る花火のような美しさです。
📷 xoxoutauinu　初めてこの場所を訪れましたが10万本の色鮮やかなダリアが綺麗に咲き誇っていました。

撮影地：山形県
やまがた川西ダリヤ園

薔薇(ばら)

花ことば
愛、美

開花時期
5月〜11月

🌸 秋のバラは花色が深く香りも濃厚です。春のような華やかさはありませんが、美しいバラをゆっくりと楽しむことができます。

📷 slowneige 甘い香りに包まれて夕日に輝くバラを眺める時間は、とても幸せでした。

撮影地：埼玉県　与野公園

大文字草(だいもんじそう)

花ことば
自由、好意

開花時期
9月〜11月

🌸 渓谷の岩場などに咲く山野草。地域によってさまざまな形の変種があります。

📷 ululun 幻の滝つぼ「にこ淵」のまわりの苔に、淡雪が降るように咲きます。エメラルドグリーンの水と白い花のコントラストは言葉に表せないほどの美しさです。

撮影地：高知県　にこ淵

愛知県　川見四季桜の里
名鉄豊田市駅からバス
四季桜
🌸 山肌をキャンバスに、春色と秋色の絵具で色を塗った絵のような景色が広がります。
📷 l_photo_collection　紅葉と桜のコラボが楽しめる絶景に感動です。

霜月(しもつき)

11月の美しい花風景

立冬(りっとう) 11月8日頃　　暦の上では冬の始まり。木々の葉が落ち北の方から初雪の知らせが届く頃です。

小雪(しょうせつ) 11月22日頃　　わずかな雪が降り始める頃。寒い地方では山の頂を雪が覆い始めます。

　紅葉が山から下りてきて平地を染める頃。寒桜・四季桜・十月桜...など、総称「冬桜」と呼ばれ、晩秋から冬にかけて咲く桜が、本格的な冬を迎える前に小さな春を呼んでくれます。暖かく穏やかな小春日和の日差しの下で凛と咲く冬桜は、紅葉の景色の中で舞う粉雪のよう。
　桜とともに国花とされ、パスポートの紋章にも使われている菊花が咲くのもこの頃。日本を象徴する花たちが咲き誇り、日本画のように雅やかな世界へと招き入れてくれます。
　気品のある花に囲まれて、格式高い気分になれる11月の花風景に花まるを。

鳥取県　鳥取砂丘らっきょう畑
JR鳥取駅からバス　下車後徒歩10分
ラッキョウ

🌸 鳥取のラベンダーとも言われる、ラッキョウの花畑。どんな香りが漂ってくるのかは行ってみてのお楽しみ！　日本海の波の音も聞こえてきます。

📷 tenko812　砂丘の大地が育む名産。カレーライスに添えられるラッキョウが、こんなにも綺麗なお花畑で育つなんて驚きでした。

福島県　菊の里ときわ
JR船引駅からバス
ざる菊

🌸 農家の方が原発事故で休作していた自身の葉タバコ畑に、復興を願い植えたざる菊。たくさんの方々を楽しませてくれています。

📷 yakak　均一の間隔で配列された色とりどりのざる菊は圧巻です！

▶ **鹿児島県　仙巌園**
　　JR鹿児島中央駅からバス
菊

🌸 世界遺産であり、大河ドラマのロケ地にもなった大名庭園。雄大な桜島を望む庭園が菊に彩られます。

📷 kanako1002mami_　桜島をバックに菊の花でできた三重塔が青空に映えていました。華やかな菊の花で作られた景色は、すべてが贅沢でした。

▼ **神奈川県　ざる菊園**
　　JR小田原駅からバス
ざる菊

🌸「いろんな色があって綺麗だったから育て始めました」と、ご主人。愛情たっぷり育てられた「ざる菊」が、お庭いっぱいに飾られています。

📷 hmp.420　見渡す限りに鮮やかな「ざる菊」が咲いていて驚きました。ここだけ春がやってきたようでみなさん嬉しそうに眺めていました。

11月の美しい花々

木瓜(ぼけ)

花ことば
先駆者、指導者

開花時期
11月～5月

　冬桜と同じくボケにも冬に咲く品種があり、こちらは寒木瓜(かんぼけ)と呼ばれます。名前や姿などから感じるおっとりした雰囲気とは対照的な花言葉は、織田信長が家紋に使っていたからだと言われています。賑やかな花盛りの季節には見過ごしてしまいそうなくらい、静かに品良く咲くボケ。ぜひ、この季節にゆっくり眺めて癒されてください。

🌸 オールドレンズの優しいボケが、ボケの花の魅力をさらに引き立てていて、とにかくボケが美しい1枚です。

📷 mink_fantasy　柔らかな日差しを受け、まるでそこだけ一足早く春が来たのかと思うような暖かな花色が優しく咲き誇っていました。

撮影地：東京都　国営昭和記念公園

山茶花
さざんか

花ことば
困難に打ち勝つ、ひたむきさ

開花時期
11月～2月

🌸 公園や生垣など、身近な場所で見ることができます。冬を華やかに彩る代表的な花です。

📷 yooyoo.t　葉を落とした樹々の奥、ふいに見つけた満開の山茶花。寒い中咲いた花が愛おしくて。

撮影地：富山県
富山県中央植物園

冬桜
ふゆざくら

花ことば
冷静

開花時期
10月～12月

🌸 この時期の桜は、ゆっくりと穏やかに咲き1か月ほど楽しめます。春まで咲き続ける品種もあります。

📷 yoceantoi　寒空の下で、可憐に儚く咲く姿に惹かれました。紅葉した木々の色や空の色の背景もお気に入りです。

撮影地：群馬県　桜山公園

皇帝ダリア
こうてい

花ことば
乙女の純潔、乙女の真心

開花時期
11月〜12月

🌸 短日植物の皇帝ダリアは、晩秋から初冬の頃に日が短くなってくると花を咲かせます。
📷 nissy24_ig　秋空に向かって咲く姿は、皇帝ダリアの名前の通り貫禄たっぷりでした。

撮影地：佐賀県　大興善寺

菊
きく

花ことば
高貴、高尚

開花時期
9月〜12月

🌸 両手で米をすくう指先のように、花弁が集まって咲くことから「菊」の漢字が成り立ったと言われています。
📷 kitajyz　光の加減で、いろいろな彩りを見せてくれた菊の花びらのグラデーション。和の佇まいに艶やかな美しさが最高でした！

撮影地：福岡県　宗像大社

原種シクラメン
げんしゅ

花ことば
はにかみ、遠慮

開花時期
10月〜4月

🌸 園芸種と比べ、野生のシクラメンは草丈5〜15cmと小ぶりです。
📷 harpangel55　手の指ほどの小さな花が土を退け可憐な姿を見せてくれました。全身全霊で生きる姿に強さを感じました。

撮影地：埼玉県
国営武蔵丘陵森林公園

Column2

日本でいちばん素敵な花の写真の教室

EMUさん

📷 cosmos_skydog　美しく凛と咲く睡蓮が、花弁の指先で柔らかな水面にそっと触れているような、可憐な姿に心奪われました。

撮影地：三重県　レッドヒルヒーサーの森

Q お花の魅力的な部分を見つけて切り取るセンスが抜群のEMUさん。お花を撮るようになったきっかけは、身近に咲く花の、その瞬間のいろんな表情を写真を通して自分らしく表現できたらな…と思ったからだそう。自称「雨女」のEMUさんですが、最近は雨など悪天候も好きなようで、第1弾(『100年後まで残したい！日本の美しい花風景』)に掲載させていただいた台風一過のコスモスも魅力的でした。写真に限らず、どんなときも人とツボが違うらしい個性的なEMUさんに、お花を魅力的に撮るコツを聞いてみました。

A あまり咲いていなかったり、枯れていたり…など、どんなお花の姿であっても素敵に撮ってあげるんだ！という気持ちを持って、いつも出かけています。そして可愛いお花を見つけたら、一瞬一瞬の表情を逃さないためにも、お花に話しかけるようにカメラを向けています。気持ちを込めてファインダーを覗けばお花と自然に目が合ったり、こっちこっち〜♪って呼んでくれるときもありますよ。具体的には…いちばんいいと思ったアングルで撮ったら、それ以外にも3パターンくらい違うアングルで撮ります。あとは、「背景になるものが何か？　背景の色がお花と合っているか？」なども気にしています。そのお花の持っている個性を上手く表現できたら嬉しいです。

『100年後まで残したい！
日本の美しい花風景』より。

美しい花々を可愛く綺麗に撮りたい！
花畑に行ったらカメラやスマホでお花を撮りたくなりますよね。
花を素敵に撮るお2人にスマホ撮りでも応用できる撮影のコツを聞いてみました。

遠井洋子さん

📷 yoceantoi　群生地の切り株から緑の新芽が。新芽に寄り添うように咲く曼珠沙華。共に生きる姿に優しい気持ちになれました。

撮影地：埼玉県　巾着田

 お花たちの会話が聞こえてきそうな物語を感じる写真が素敵な遠井洋子さん。ダイビングを始めて海の中の小さな生き物を撮りたくなりカメラを始めたそう。揺れる海の中でカメラを構えて操作できるように、陸での練習のため好きなお花を撮り始めたのだとか。普段から好きな言葉をメモしておいたり、歌詞や大和言葉をヒントに写真の題名を考えているとのこと。言葉と自然を大切にしているからこそ物語のある写真が撮れるのですね。そんな遠井洋子さんに、お花の中から物語を見つけるコツを聞いてみました。

まずは太陽の位置を確認して逆光で撮ります。日陰に入ったり、曇り空の柔らかい光が撮りやすいかと。そして、お花に目線を合わせる、1本抜き出ている背の高いお花を探す、これらはフォトグラファーの北村佑介先生から教わりました。あとは自分好みですが、花の向きや、他より背の低いお花、仲良く見えたり、茎が曲がったり、綺麗な状態の花を探したりなど、特徴的なお花を探します。凛と一輪咲く姿や、光を浴びて輝く姿、二輪仲良く並んだり寄りそったり、向き合っていたり、他の葉っぱやお花と語り合っているような場面を見つけたら、しばらく撮っています。角度や光の良い位置を探し、ドラマチックに撮れたときが嬉しいです。

『100年後まで残したい！日本の美しい花風景』より。

師走(しわす)

12月の美しい花風景

大雪(たいせつ) 12月7日頃
本格的な冬の始まり。冷たい北風が吹き、寒い地方では積雪が始まります。

冬至(とうじ) 12月22日頃
1年で昼が最も短く夜が最も長くなる日。南瓜を食べてゆず湯につかり無病息災を願います。

　ジングルベルが流れ、街がイルミネーションで彩られる頃。花々が、街の灯りへと変化してゆくかのように、咲く花は次第に少なくなります。こんな季節は、暖かい場所で花を眺めていたいですね。温室の中でなら、年中鮮やかな花々を楽しめます。
　沖縄本島や周辺の離島は真冬でも花盛り。三線の音色が流れる中、ゆっくりとした時間を過ごせます。本州でも南の地域ではアロエの花がニョキニョキと見頃。
　慌ただしい年末に、穏やかな時間をくれる12月の花風景に花まるを。

三重県　なばなの里
近鉄長島駅(イルミネーション開催期間外は近鉄桑名駅)からバス

ベゴニア
🌸イルミネーションで有名な、なばなの里。敷地内のベゴニアガーデンでは、真冬でもこんなに鮮やかな光景が広がります。

📷yyonestagram　リフレクションを狙って撮影した、お気に入りの写真です。

12月

◀ **佐賀県　ブーゲンハウス嬉野**
　嬉野バスセンターから徒歩7分
ブーゲンビリア

🌸 温泉街の中で楽しめるブーゲンビリアの花園。色彩豊かな空間に癒されながら体の中までポカポカ温まります。
📷 atsufphoto　一面のブーゲンビリアに囲まれて、ベンチで一息つく時間は最高でした。

▶ **静岡県　爪木崎**
　伊豆急下田駅からバス
アロエ

🌸 青い海にアロエの鮮やかな色が映えます。冬の南伊豆は南国感満載です。
📷 yumihr　青い海をバックに、ニョキニョキ咲くアロエのお花の姿が楽しい景色でした。

◀ **沖縄県　竹富島**
　石垣港離島ターミナルから
　高速船・フェリー
ブーゲンビリア

🌸 冬だからこそ行きたい竹富島。ブーゲンビリアは、ほぼ通年花を楽しめますが晩秋から3月頃までが最盛期です。
📷 fumitaku_k　12月の島散歩。南国の花道と珊瑚の砂道が綺麗です。

▶ **沖縄県**
　ユートピアファーム宮古島
　宮古空港から車で約15分
ブーゲンビリア

🌸 宮古島市の市花でもあるブーゲンビリア。南国の花々や、さまざまな品種のハイビスカスも咲いています。
📷 mika05011972　いろんな種類のブーゲンビリアが圧巻です！　ここのマンゴーパフェも絶品ですよ！

12月

12月の美しい花々

ポインセチア

花ことば
聖なる願い、祝福

開花時期
11月〜1月

クリスマスツリーの先端に飾る大きな星のような形と、赤と緑の色合いから、「クリスマスフラワー」とも呼ばれるポインセチア。12月には欠かせない花ですね。寒い季節に咲く花のイメージですが実は南国の花で、寒さには弱いのです。室内でゆっくり眺めながら、聖なる夜を過ごしましょう。

🌸 聖なる夜を演出してくれているような、キラキラゴールドの玉ボケが綺麗です。

📷 ryuta_brz　クリスマスツリーのきらめきを散りばめて、華やかに撮ることができて良かったです。

撮影地：愛知県
安城産業文化公園デンパーク

フクシア

> 花ことば

センスの良さ、慎ましい愛

> 開花時期

※温室で通年見られます。

🌸 温室で年中見られる人気者のフクシアはクリスマスツリーに飾りたくなる可愛さ。
📷 m_a_y_u_m_i_ 貴婦人の耳飾りとも呼ばれていますが、まるでバレリーナのような姿でした。

撮影地：三重県　なばなの里

ハイビスカス

> 花ことば

新しい恋、繊細な美

> 開花時期

※温室や沖縄県で通年見られます。

🌸 夏の象徴ハイビスカス。冬でも温暖な沖縄では、年中ハイビスカスが咲き誇ります。
📷 3r1hs 真っ赤なハイビスカス越しに見る青い海と青い空、大好きな沖縄の風景です。

**撮影地：沖縄県
恩納海浜公園 ナビービーチ**

ブーゲンビリア

> 花ことば

あなたは魅力に満ちている、情熱

> 開花時期

※温室や沖縄県で通年見られます。

🌸 ブーゲンビリアの色付く部分は苞（ほう）と呼ばれる葉っぱです。その中に見える小さな白い部分が花なのです。
📷 tamaru9o9u ファインダーから覗くブーゲンビリアはまるで別世界のお花。わたしにとっての癒しの世界。花を愛しく想い心癒されました。

撮影地：佐賀県　ブーゲンの森

ビオラ

花ことば
誠実、私のことを思ってください

開花時期
10月〜3月

🌸 ビオラとパンジーは姉妹花で、花径が小さいものがビオラ、大きいものがパンジーです。

📷 _ka0ri　見慣れているお花ですが、色とりどりのビオラが植えられていてゴージャス感が漂っています。

撮影地：静岡県
浜名湖ガーデンパーク

葉牡丹(はぼたん)

花ことば
慈愛、祝福

開花時期
11月〜3月

　新年を迎えるために、あちらこちらで飾られる葉牡丹。1年の終わりと、新しい年の始まりを感じます。

📷 mi_ha.y　葉牡丹を真上からじっくり見たことがなかったので、新しい美しさを発見できました。

撮影地：和歌山県
和歌山県植物公園緑花センター

睦月

1月の美しい花風景

小寒　1月6日頃
寒さが一段と厳しくなる頃。この日を「寒の入り」とも言い、節分までを「寒の内」と言います。

大寒　1月20日頃
各地で最低気温を記録する極寒の頃。大寒の最後の日が節分で、「寒の明け」とも言います。

　1年でいちばん寒いと言われ、寒中見舞いを出したりするこの頃。極寒の季節でも美しい花風景は楽しめます。
　雪降る藁囲いの中で暖をとりながら、凛と咲く冬牡丹。ひんやりと甘い香りを漂わせるロウバイや、冷たい潮風に耐えながらたくましく咲く水仙。その他にも小さな花々が、そっと優しい色を添えてくれます。
　花盛りの季節には目に留まらないくらい控え目な花々を探し求めて、小さな喜びを感じる季節。心にほっと温もりをくれる1月の花風景に花まるを。

福岡県　筥崎宮神苑花庭園
福岡市営地下鉄箱崎宮前駅から徒歩3分、JR箱崎駅から徒歩8分

冬牡丹
🌸雪が降る日はぜひ見に行きたい冬牡丹。「百花の王」と呼ばれる牡丹が、気高く美しく咲き誇る姿は風情があります。

📷 kuwaman1225　冷たい雪を避けるための藁囲い……。この藁囲いの下、咲き続ける牡丹からは力強さを感じました。

▲ **東京都　上野東照宮ぼたん苑**
JR上野駅から徒歩5分、
京成電鉄京成上野駅から徒歩5分、
東京メトロ上野駅から徒歩10分

冬牡丹

🌸 真っ白な雪景色の中で冬牡丹が咲き、背景には五重塔。心が落ち着く美しさです。
📷 yascolo2　東京にこれほどの雪が降るのは1年に一度あるかどうか。そんな中、鮮やかに咲く牡丹の頑張りに、胸を打たれました。

◀ **島根県　唐音水仙公園**
JR鎌手駅から車で20分

水仙

🌸 もともと自生していた水仙が地域住民の手により少しずつ増やされています。
📷 ttatsuka　夕日が差し込む時間、日本海側独特の岩場に打ち付ける白い波しぶきの音を聞きながら水仙を眺めているとときが経つのを忘れてしまいます。

▶ 和歌山県　樫野崎灯台
　　JR串本駅からバス

　水仙

「日本の灯台の父」と称されるブラントンが設計した日本最古の石造灯台。常駐していたイギリス人技師が水仙を持ち込んだのが始まりだと言われます。

📷 kosa_photo　水仙は背丈が低いので撮影するのは大変でした。光が差し込み水仙が輝いてくれました。

▼ 東京都　府中市郷土の森博物館
　　JR府中本町駅、
　　JR・京王電鉄分倍河原駅、
　　西武鉄道是政駅から徒歩20分

　蝋梅

透き通るように爽やかな黄色のロウバイは、冬の澄み切った青空に映えます。

📷 shun.photography_　見上げると、満開のロウバイが満天の星空のように輝いて見えました。

山形県　まほろば冬咲きぼたんまつり

※例年2月の開催です。

JR高畠駅からすぐ

冬牡丹

🌸 東北地方では、冬牡丹のお家も雪国仕様。暖をとりながら、仲睦まじく団らんしている家族のようにも見えます。

📷 misato2831　雪の中に咲く鮮やかな牡丹。明かりに照らされた牡丹は暖かささえ感じます。

緋の司

神奈川県　江の島サムエル・コッキング苑

小田急片瀬江ノ島駅から徒歩20分、
江ノ島電鉄江ノ島駅から徒歩25分、
湘南モノレール湘南江の島駅から徒歩26分

ウィンターチューリップ

🌸 イルミネーションを背景に踊っているような、煌びやかな姿が印象的です。

📷 impact_photography77　クロスフィルターを使用してイルミネーションと共に撮影し、ウィンターチューリップを幻想的に表現しました。

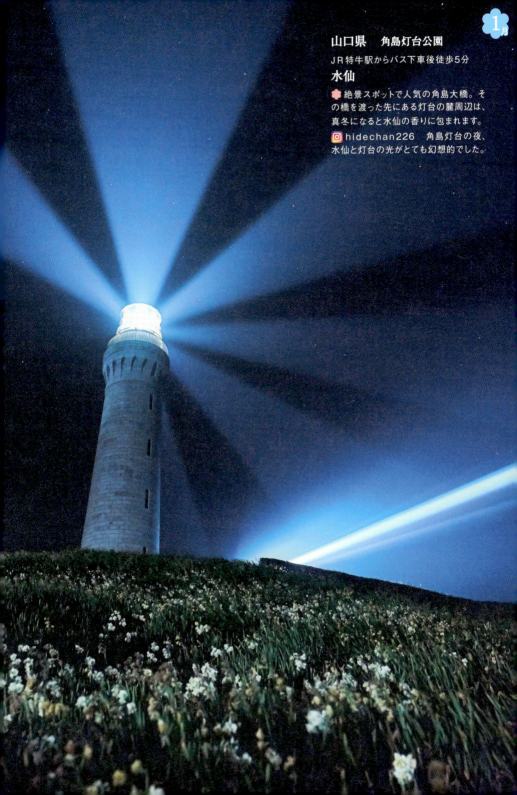

1月

山口県　角島灯台公園
JR特牛駅からバス下車後徒歩5分
水仙

🌸 絶景スポットで人気の角島大橋。その橋を渡った先にある灯台の麓周辺は、真冬になると水仙の香りに包まれます。

📷 hidechan226　角島灯台の夜、水仙と灯台の光がとても幻想的でした。

1月の美しい花々

蝋梅
（ろうばい）

花ことば
慈愛、先導

開花時期
12月〜2月

　早春を知らせる花々の中でも先駆けて咲くロウバイ。水仙・梅・山茶花とともに「雪中四友」と言われ、寒さに負けずに咲く花として尊ばれています。
　まるで蝋細工のように半透明な花からは甘い香りが漂い、英名では「Winter Sweet」と呼ばれるほど。
　鎮静や精神安定などの効果もあるロウバイの香りは、まさに天然のアロマキャンドルです。

🌸 冬の空気の冷たさの中に、少しだけ感じる春の色、そして甘い香りも漂ってきそうな蝋梅の魅力が詰まった1枚です。
📷 kuyaduki　真冬のモノトーンな風景の中、艶やかな黄色と甘く潔い香り…心惹かれます。
撮影地：神奈川県　大和市内

冬牡丹(ふゆぼたん)

花ことば
風格、富貴

開花時期
1月〜2月

🌸 温度調節をして咲かせた花を鉢ごと土に植えることで、冬でも楽しむことができます。

📷 saeko1959 　冬の寒さの中　藁囲いに守られ寄り添いながら華やかに咲く姿。「本当に強くて綺麗ね」と話しかけながら撮影していました。

撮影地：東京都　上野東照宮ぼたん苑

枯れ紫陽花(かれあじさい)

花ことば
家族団らん、仲良し

開花時期
※空気が乾燥する11月〜2月が綺麗です。

🌸 小さな花が集まって咲く紫陽花たちの絆は、枯れてもずっと美しいまま。褐色に変化した冬の紫陽花も風情があります。

📷 hisa_snow　深々と降る雪の中で倒れることもなく、枯れても咲いているような姿の紫陽花が印象的で、寒さも忘れて夢中でシャッターを切りました。

撮影地：富山県　十二町潟水郷公園

満作(まんさく)

花ことば
呪文、魔力

開花時期
1月〜3月

🌸 早春に他の花に先駆けて咲き始めるため、かつて東北地方ではマンサクの咲き具合でその年の作況を占っていたそうです。

📷 mokousa1　凍りつく寒さの中、チアガールのポンポンみたいな可愛いお花が満開で癒されました。

撮影地：愛知県　東山動植物園

御柳梅
ぎょりゅうばい

花ことば
素朴な強さ、華やいだ生活

開花時期
11月〜5月

🌸 品種により真冬に咲きます。梅に似た花を咲かせますが、実はオーストリアやニュージーランドが原産です。

📷 moris__m 小さな花なので、焦点を合わせるために無意識のうちに「無」になって集中力MAX！ 葉も小さいのでボケもフワフワでフォトジェニックなお花です。

撮影地:神奈川県
横浜イングリッシュガーデン

ジャノメエリカ

花ことば
博愛、幸運

開花時期
11月〜6月

🌸 「エリカ様」と呼ばれて親しまれる真冬の人気者。小さな鈴のような可愛い花を咲かせます。

📷 hiro_s05 初春の柔らかな日差しを浴びてキラキラと輝く花を見て、優しい気持ちになりました。

撮影地:東京都　木場公園

如月
きさらぎ

2月の美しい花風景

立春　2月4日頃
りっしゅん

暦の上では春の始まり。二十四節気の最初の節気で、旧暦では新しい年の始まる頃でした。

雨水　2月19日頃
うすい

雪が雨へと変わり農作業の準備が始まる頃。雨水に雛人形を飾ると良縁があると言われます。

　暦の上では春の始まり。寒い日が続く中にも、季節が春へ移り変わる様子が日々感じられます。春一番の暖かく強い風が次第に春を届けてくれて、南の地域から徐々に春らしい風景が広がっていきます。
「春の妖精（スプリングエフェメラル）」と呼ばれる小さな花々が地上に顔を出し始めるのもこの頃。可憐に咲き始める姿を見ると思わず微笑んでしまいます。

　春の訪れを告げながら私たちに笑顔をくれる2月の花風景に花まるを。

静岡県　みなみの桜と菜の花まつり
伊豆急下田駅からバス

河津桜・菜の花

🌸 早春におすすめの花風景。のどかな景色の中に咲くボリュームたっぷりの河津桜は見ているだけで幸せな気分になります。

📷 hoku_x2　菜の花と河津桜の春色コラボ。一足早く春を感じさせてくれます。

千葉県　白間津のお花畑
JR千倉駅からバス

ストック・キンセンカ

🌸 稲作の裏作として切花栽培が盛んな白間津地区。花売店が立ち並び、海を眺めながら花摘みもできる賑やかなお花畑です。

📷 chika4312　春の千葉県房総半島では、白間津のお花畑は外せないスポットです。

▶ **千葉県**
　館山ファミリーパーク
　　JR館山駅からバス
　ポピー

🌸 南国のような景色の中で咲き乱れる一面のポピー。南房総の暖かな気候の中で一足先に春のお花畑を満喫することができます。

📷 yumihr　真冬のビタミンカラーに元気をもらいました。

▼ **兵庫県　　あわじ花さじき**
　　神戸淡路鳴門自動車道
　　淡路ICから約12分
　ストック

🌸 冬でも花盛りの淡路島では見晴らし抜群の花風景が広がります。

📷 hana.hana.877　お花の少ない季節に、ストックの可愛い色とお花に心が躍りました。

神奈川県　三浦海岸桜まつり
京急三浦海岸駅周辺
河津桜

　線路沿いに約1kmも続く河津桜並木。満開の桜と近づいてくる電車の音にワクワクする瞬間です。

hayato1317　京急電鉄と桜のコラボ。2月に見頃を迎える三浦海岸の桜ですが、菜の花も咲いていて春の訪れを感じました。

神奈川県　ソレイユの丘
京急三崎口駅からバス
菜の花

🌸 空気が澄んだ冬の晴れた日には菜の花越しに富士山が見えることも。菜の花は4月上旬まで楽しめます。

 jazz.67　ソレイユの丘では1月の寒い時期から見ることのできる暖かい風景。特に夕方の時間帯は心が癒されます。

2月の美しい花々

スノードロップ

花ことば
希望、慰め

開花時期
2月〜3月

　雪が解けて雫になるように春の訪れを告げるスノードロップ。真っ白で可憐な花姿は早春の人気者です。「ドロップ」には耳飾りという意味もあり、花が下向きに垂れ下がる様子から、「雪の耳飾り」という意味で名付けられました。

🌸 陽があたると開く内側の花弁にはさまざまな緑色の模様が描かれています。可愛いハート型を見つけるのも楽しみの1つ。

📷 hamasaki_11　優しい光に照らされて、神秘的な雰囲気がとても綺麗でした。
撮影地：京都府　京都府立植物園

梅花黄蓮(ばいかおうれん)

[花ことば]
情熱、2度目の恋

[開花時期]
1月〜4月

🌸 日本で初めて植物図鑑を作り、「植物学の父」と呼ばれる牧野富太郎博士が、植物に興味を抱くきっかけとなった花です。

📷 olivedragontree　最も寒い時期から高知の山野に春を告げるバイカオウレン。日陰に咲く花は雪の妖精のようです。

撮影地:高知県　高知県立牧野植物園

座禅草(ざぜんそう)

[花ことば]
ひっそりと待つ、沈黙の愛

[開花時期]
1月〜4月

🌸 袈裟を着た僧侶が座禅を組んでいるように見えるため名付けられました。達磨大師に見立てて「ダルマソウ」とも呼ばれます。

📷 ululun　芽を出すときに熱を出してまわりの雪を溶かして花を咲かせます。寄り添うように咲いている姿にほっこりしました。

撮影地:山梨県　甲州市内

クリスマスローズ

[花ことば]
私の不安をやわらげて、追憶

[開花時期]
1月〜3月

🌸 ヨーロッパの気候ではクリスマスの頃に咲きます。花の少ない季節に咲くため日本でも「冬の貴婦人」と言われ親しまれています。

📷 amiwanmini　まっすぐ前を向いて咲いていた、八重咲きのクリスマスローズ。凛とした美しさを感じました。

撮影地:愛知県　久屋大通庭園フラリエ

節分草
せつぶんそう

[花ことば]
微笑み、光輝

[開花時期]
2月〜3月

🌸 節分の頃に咲きます。光輪のような黄色い蜜腺が、暖かい春の訪れを告げているようです。

📷 aya_yaaaaaa　絶対に見たいと思っていた節分草。探し回ってやっと会うことができました。可憐に咲く姿にとても癒されました。

撮影地：高知県　高知県立牧野植物園

福寿草
ふくじゅそう

[花ことば]
幸せを招く、永遠の幸福

[開花時期]
2月〜4月

🌸 旧暦のお正月頃に黄金の花を咲かせます。幸福と長寿を意味し新春を祝うおめでたい花として古くから親しまれています。

📷 saya_flora　寒い冬の日に咲く暖かでやさしい黄色に元気をもらいました。

撮影地：東京都　上野公園

弥生（やよい）

3月

3月の美しい花風景

啓蟄（けいちつ）　3月6日頃
地中で冬ごもりをしていた虫などが目覚め穴から出てくる頃。

春分（しゅんぶん）　3月21日頃
昼と夜の長さがほぼ同じになる日。自然をたたえ生き物を慈しむ日ともされています。

　花々や草木が生い茂げり、春の風景は一段と豪華さを増していく頃。鳥のさえずりを聞きながら豪華絢爛に梅が咲き乱れる庭園を歩けば、気分は宮廷のお姫様。ミツマタやミモザ、そして菜の花などほんわか優しい黄色の景色も広がります。森や林の木陰には、舞い踊る春の妖精たちや妖艶で風情のある落ち椿。そして春分を過ぎる頃には、いよいよ桜の開花の便りも。
　女性的な魅力でつつんでくれる3月の花風景に花まるを。

静岡県　昇竜しだれ梅園
新東名高速道路浜松いなさICから約15分

しだれ梅
　竜が天に昇る姿のようにと、丁寧に仕立てられたしだれ梅。美しく迫力のある樹姿もぜひ眺めてみてください。

📷 yurie.0101　クリスマスローズが道を作る、歩くだけで幸せになれる素敵なしだれ梅園です。

三重県　鈴鹿の森庭園
東名阪自動車道鈴鹿ICから約5分
しだれ梅
🌸 全国から集められた名木が咲き乱れ、この世のものとは思えないほど。樹齢100年以上の古木もあり、圧巻です。
📷takaya212　雨の日の鈴鹿の森庭園。綺麗に咲く梅の花と落ちた花びらでピンクの世界が広がっていました。

京都府　城南宮
京都市営地下鉄竹田駅、
近鉄竹田駅から徒歩15分
しだれ梅・椿
🌸 城南宮の神苑内には、しだれ梅だけでなく「源氏物語」ゆかりの花々が随所に植えられ、平安貴族の気分に浸れます。
📷studio_sunset_sea　梅林全体に光が差しやわらかな光を放つ隣で、苔と落ち椿が鮮やかな陰影を作り出す様は、まさに美の共演でした。

3月

奈良県　賀名生梅林
JR五条駅からバス
梅

🌸 山里一面が雲海のようにやわらかな梅の花につつまれます。約700年前の南北朝時代からすでに賀名生の梅の花が歌に詠まれていたそう。

📷 shokococo86　桃源郷のような世界にうっとり。夢見心地な世界でした。

愛知県　大府みどり公園
伊勢湾岸自動車道豊明ICから約5分
ミモザ

🌸家族やペットと一緒に休日を楽しめる総合公園の一角に、ミモザの咲く素敵な森があります。

📷toitoitoi5177　優しくて鮮やかな黄色の花たちが、アーチをつくるように咲いていたミモザの森。桜より一足先に、春を感じさせてくれます。

愛媛県　閏住地区 菜の花ロード
JR下灘駅付近
菜の花

🌸 青春18きっぷのポスターで有名な下灘駅の付近で、地元の方の愛情たっぷりの菜の花が線路沿いを彩ります。

📷 cocoron.yuri　観光列車「伊予灘ものがたり」の赤、菜の花の黄、空の青が合わさった景色は最高でした！

京都府　水源の里・老富
JR綾部駅から車で約45分
ミツマタ

🌸 金色の妖精がキラキラと舞うように幻想的な景色。4月を過ぎるとミツマタに代わり白い蝶々のようなシャガの花が咲き乱れます。

📷 takao_photography　杉林一面を埋め尽くすミツマタは圧巻の一言。黄色くて可憐なミツマタは、和紙の原料となるそうです!

3月

兵庫県　清住かたくりの里
北近畿豊岡自動車道氷上ICから約15分

カタクリ

🌸 クヌギ林の中で可憐に咲き誇るカタクリ。1年ぶりの地上の光を浴びて、短い春を楽しみながら舞い踊ります。

📷 gaku.shimizu.photo　敷き詰められたように咲くカタクリに強烈に差し込む光と、樹の作りだす影のコントラストが幻想的でした。

山口県　笠山椿群生林
JR東萩駅からバス

椿

🌸 手つかずの原生林の中で自生していた椿の群生。花ごと落ちる椿の花が妖艶で独特な雰囲気を作り出してくれます。

📷 hidechan226　3月の椿祭りの中、落ち椿たちがとても素敵な光景でした。

🌸 春らしく爽やかなミモザの香りが、感謝の気持ちととも伝わる素敵な1枚。
📷 uk5112　まだ咲き始めだったミモザの淡い黄色と、葉っぱの緑色が春の訪れを感じさせてくれました。
撮影地：兵庫県　円照寺

3月の美しい花々

ミモザ

花ことば

感謝、友情

開花時期

3月〜4月

　3月8日は、国際女性デーであり「ミモザの日」でもあります。ミモザの木が多く自生するイタリアでは、貧富の差に関係なく感謝の気持ちを表わすことができるため、ミモザの花を女性に贈るようになりました。ミモザの花の人気とともに、「ミモザの日」は日本でも広まりつつあります。ぜひ奥様や恋人に日頃の感謝の気持ちを込めて、贈ってみてくださいね。

クロッカス

花ことば
青春の喜び、切望

開花時期
2月～4月

🌸 ヨーロッパでは古くから春を告げる花と言われます。ようやく訪れた春に両手を上げて喜んでいるようにも見えますね。

📷 soramame_masako119
長い冬が明けて小さなクロッカスのお花が咲いているのを見ると毎年心が軽く暖かくなります。

撮影地：北海道　札幌市

雪割草（ゆきわりそう）

花ことば
あなたを信じます、和解

開花時期
2月～4月

🌸 山の草の中では珍しい綺麗なパステルカラー。株ごとに異なる多種多様な色や形で早春の野に楽しい色どりを添えてくれます。

📷 1abc_def1　春を告げる雪割草は、寒さに耐えて花を咲かせます。その力強さを感じながらもとても温かい気持ちになりました。

撮影地：千葉県　市川市動植物園

3月

三椏
<small>みつまた</small>

花ことば
肉親の絆、永遠の愛

開花時期
3月～4月

🌸 日本の紙幣の原料となるミツマタ。よく見るとたくさんの小さな花が寄り添ってこんなに愛らしく咲いています。

📷 maru3_sa　森を黄色に染めるミツマタ。ひとつひとつは可憐で微笑みかけてるよう。妖精の甘い香り漂う神秘の森です。

撮影地：栃木県　焼森山

花韮
<small>はなにら</small>

花ことば
星に願いを

開花時期
2月～4月

🌸 星形の花弁に由来する素敵な花言葉。想いを込めてゆっくりと眺めていると、願いを叶えてくれそうな気がします。

📷 _kiyoshiko_　父の実家で撮るお花は、いまは亡き父を思い出して優しい気持ちになります。

撮影地：栃木県　小山市

椿
<small>つばき</small>

花ことば
控えめな優しさ、理想の愛

開花時期
1月～4月

🌸 多くの品種がある椿の中で抜群の人気を誇る乙女椿。優しい色合いと丸いやわらかなフォルム、そして可愛いネーミングに多くの女性が虜になります。

📷 amamyee　優しい光に包まれた乙女椿に癒されました。

**撮影地：京都府
千本釈迦堂　大報恩恵寺**

桜
さくら

花ことば
優美な女性、精神の美

開花時期
3月～4月

🌸「桜始開（さくらはじめてひらく）」。七十二候で3月25日頃～3月29日頃にあたり、この頃から桜の便りが届き始めます。

📷 hanako1226 見上げるとふんわりピンクの世界。空に向かってカメラを構えると凛とした桜と目が合いました。

撮影地：大阪府　花博記念公園鶴見緑地

Part 2

もっと楽しみたい！

日本の美しい花風景

シーン別に並べることで、より心に響く花風景もありました。心が落ち着いたり、ちょっと嬉しくなったり、ドキドキワクワクしたり…。もっと花まる気分になれるはず！

もっと楽しみたい！日本の美しい花風景

水面に映る花風景

風が止んで静まりかえったとき、水面に現れるもう１つの花風景。風に揺らいでは消え、また現れて。鏡のように一面に映し出される清らかで美しい光景は、感動とともに心まで落ち着かせてくれます。

福井県　シバザクラの里
JR牛ヶ原駅周辺
芝桜

🌸 周辺住民の方々が田んぼの畦道や国道の法面などに芝桜を植栽しています。花のジュータンのように美しい景色が広がります。

📷 ganco5050　水田の縁を彩る芝桜に春の訪れを感じました。この日は風もなく水田に芝桜や山が映り込み時間を忘れて夢中で撮っていました。

見頃：4月下旬〜5下旬

滋賀県　長浜盆梅展
JR長浜駅から徒歩3分
梅

🌸 琵琶湖に浮かぶ竹生島をイメージして作られた作品。まわりに張られた水にも映る、小さな盆梅の風景が可愛いですね。

📷 rinrin7281　春の訪れを感じる美しい盆梅でした。
開催期間：毎年1月10日～3月10日

栃木県　あしかがフラワーパーク
JRあしかがフラワーパーク駅から徒歩3分
藤
🌸 藤のカーテンが水面に映ると豪華さも2倍。夜のライトアップに照らされて、水の中まで幻想的に映し出されます。
📷 kazumma527　閉園間際に撮った1枚です。見事なリフレクションを捉えることができました。
見頃：4月中旬〜5月中旬

滋賀県　弥生の森歴史公園
JR野洲駅からバス
睡蓮

🌸 シダとスイレンの相性がぴったりで写真だからこそ切り取れる美しさに感動です

📷 @odekakephoto7　シダの葉の幾何学的なリフレクションが美しい池。夏になるとスイレンの花が開花し、シダとスイレンの不思議な雰囲気を楽しめます

見頃：6月〜8月

千葉県　佐倉ふるさと広場
京成佐倉駅からバス

秋桜

🌸水の波紋がおとぎの国への入り口のよう！　上下逆さまに見ることで、より非日常な景色に見えます。

📷sug10969　水たまりリフレ、花びら波紋そして逆さ絵で佐倉コスモスの新たな鑑賞法を見つけました。
見頃：10月

長野県　中綱湖
JR簗場駅から徒歩3分
桜

🌸 時が止まったかのように、静まり返った水面。美しい桜が映し出される光景は、心が洗われます。

📷 sanga3／穏やかな朝の光に照らされた桜と、湖面に映った桜に感動しました。

見頃：4月下旬〜5月上旬

もっと楽しみたい！ 日本の美しい花風景

ハートの花々

ここにもあそこにも！ 探してみると花の中からたくさんのハート♡　見つけられたら嬉しいことが起こりそうな予感!!　お守りのように願いを込めて、肌身離さず持ち歩きたい！　可愛い写真の数々をご紹介します。

長野県　高遠城址公園
JR伊那市駅からバス　下車後徒歩15分
桜

● 日本の三大桜の名所の1つ、天下第一の桜と言われるタカトオコヒガンザクラ。ハートの空を見つけたら気分も天下第一！
📷 yamachan.z　見つけると笑顔になれて幸せな気分になれるハート型の空です。見つけてみてくださいね！
見頃：4月

三重県　なばなの里
近鉄長島駅(イルミネーション開催期間外は
近鉄桑名駅)からバス

河津桜

🌸 夜のライトアップの時間帯がオススメです。
イルミネーションと河津桜を同時に楽しむこと
ができます。

📷 htm_wing　満開になった河津桜のトン
ネルでハートを見つけることができて、とても
ハッピーな気持ちになりました♡

見頃：3月

新潟県　上堰潟公園
<ruby>上堰潟公園<rt>うわせきがたこうえん</rt></ruby>
北陸自動車道巻潟東ICから約20分
向日葵

🌸 ヒマワリ畑の中にピンクのハートのお花畑♡　角田山の麓で菜の花が咲く春ののどかな景色もオススメです。

📷 ezo.echigo　圧倒的にキュートなヒマワリ畑の中、夫婦で息を合わせてジャンプしました！

見頃：8月

ネモフィラ

花ことば
可憐、どこでも成功

開花時期
4月〜5月

🌸 ネモフィラの海に浮かぶケシ科の雑草がハート形に見えることも♡　いろんな角度から観察するとハートを見つけられるかも!?
📷 ycmrmn　ネモフィラブルーの美しい絨毯に囲まれハート型のような1輪のオレンジのお花が可愛かったです。

撮影地：茨城県　国営ひたち海浜公園

紫陽花(あじさい)

花ことば
家族団らん、仲良し

開花時期
5月〜7月

🌸 ハートの紫陽花はよく見かけますが、こんなに可愛い2色のハートはなかなか見つけることできません♡
📷 masa_masa_photography　まさに！一目惚れ！　見た瞬間、自分自身のハートもこんな色になっちゃいました(笑)カメラ男子(オジさん)でもなるんです！

撮影地：京都府　柳谷観音楊谷寺

向日葵(ひまわり)

花ことば
あなたを見つめる、愛慕

開花時期
7月〜9月

🌸 笑顔のヒマワリからあふれるたくさんのハート♡　愛情いっぱいのヒマワリ、ぜひ探してみてください。
📷 snjngm　3年位前から雄しべがハートの形をしたヒマワリを探していましたが上堰潟公園のヒマワリさんたちはハートだらけでした。

撮影地：新潟県　上堰潟公園

もっと楽しみたい！日本の美しい花風景

素敵な空模様

予期せず突然現れるドラマチックな空模様！　ドキドキしながら見た景色は、いつになっても新鮮で色褪せることがありません。お花畑で出会えた素敵な瞬間を、みなさんにもおすそ分けです！

群馬県　　たんばらラベンダーパーク
関越自動車道沼田ICから約30分
ラベンダー
🌸「幸運が訪れる」「願いが叶う」と言われるダブルレーンボー！　運よく見れた時は願掛けしてみてくださいね。
📷 yurie_0101　雨が降ってやんだ後、大きな虹がかかる花畑という天国のような景色に出会いました。高地だからこその変わりやすい天気に感謝した1枚です。
見頃：7月〜8月

山梨県　花の都公園
富士急行富士山駅または
JR御殿場駅からバス

ポピー

🌸 七色の虹よりも出会えるチャンスが少ない白虹。太陽の光が霧に差した時に見ることができます。

📷 wave65ty　初めて見たポピー、富士山、白虹の共演。感動しながらシャッターを切っていました。

見頃：6月下旬〜7月中旬

山梨県　大石公園
富士急行河口湖駅からバス

ラベンダー

🌸 富士山周辺では、めずらしい形の雲が突然現れることがあり、景色をドラマチックに演出してくれます。

📷 you_c.water　夏の到来を告げるラベンダー。朝日に染まる吊るし雲が加わって感動的な情景に出会うことができました。

見頃：6月下旬〜7月中旬

三重県
メナード青山リゾート　ハーブガーデン

名阪国道上野東IC、
または伊勢自動車道久居ICから約30㎞

カモミール

🌸 日暈がかかった太陽を見上げて、お花たちも素敵な空を楽しんでいるのですね！

📷 cosmos_skydog　お花たちと一緒に空を見上げたこの日の幸せな瞬間を思い出す1枚です。

見頃：5月下旬～6月中旬

長野県　白馬大池
※登山が必要

チングルマ

🌸 人の手を借りず懸命に生きている自生種の花々。私たちの知らない花風景が、まだまだ日本にたくさんありそうです。

📷 hmp.420　山の上で幻想的に咲き誇る高山植物を見て、もっといろんな花風景に会いに行きたいと思いました！

見頃：7月～8月

Part 3

日本の美しい花暦

はなまっぷの必需品

本書でご紹介させていただいた花風景の場所を地方ごとにマッピングした「地方別はなまっぷ」と、旧暦の一覧に現代の花の見頃とおすすめの地方を添えた「はなまっぷの花暦」を巻末にまとめました。季節の花巡りの計画にご活用ください。

はなまっぷ北海道東北

1	北海道	北海道立サンピラーパーク（ヒマワリ）	P63
2	北海道	そばの花展望台（ソバ）	P62下
3	北海道	太陽の丘えんがる公園（キバナコスモス）	P73下
4	北海道	卯原内サンゴ草群生地（サンゴソウ）	P75下
5	北海道	上野ファーム（チューリップ）	P25
6	北海道	フラワーランドかみふらの（ルピナス）	P33下
7	北海道	百合が原公園（エキナセア）	P55下
8	青森県	ベンセ湿原（ニッコウキスゲ）	P46下
9	秋田県	菜の花ロード（桜・菜の花）	P8下
10	秋田県	秋田国際ダリア園（ダリア）	P88
11	秋田県	ハーブワールドAKITA（カモミール）	P43上
12	岩手県	小岩井農場（ヒマワリ）	P64上
13	岩手県	錦秋湖川尻総合公園あやめ園（花菖蒲）	P39下
14	宮城県	羽黒山公園（彼岸花）	P78
15	宮城県	やくらいガーデン（ケイトウ　他）	P72
16	山形県	いいでどんでん平ゆり園（ユリ）	P50
17	山形県	やまがた川西ダリヤ園（ダリア）	P94下
18	山形県	まほろば冬咲きぼたんまつり（冬牡丹）	P118上
19	福島県	花見山公園（桜・花桃　他）	P8上
20	福島県	菊の里ときわ（ざる菊）	P98下
21	福島県	21世紀記念公園 麓山の杜（キンモクセイ）	P94中
22	福島県	大江湿原（ワタスゲ）	P55上

はなまっぷ北陸甲信越

1	新潟県	上堰潟公園（ヒマワリ）.............	P156、P157下
2	新潟県	みつけイングリッシュガーデン（バラ）.................	P20-21
3	長野県	白馬大池（チングルマ）.............	P160下
4	長野県	栂池自然園（ニッコウキスゲ）...	P49
5	長野県	八方尾根（ニッコウキスゲ）.......	P47上
6	長野県	白馬五竜高山植物園（コマクサ）.	P54中
7	長野県	中綱湖（桜）............................	P153
8	長野県	上高地 徳沢（ニリンソウ）.......	P26上
9	長野県	霧ヶ峰（ニッコウキスゲ）.........	P46上
10	長野県	車山高原（ニッコウキスゲ）.....	P52-53
11	長野県	蓼科山聖光寺（フランス菊）.....	P36下
12	長野県	高遠城址公園（桜）.................	P154
13	山梨県	実相寺（桜・水仙）..................	P6-7
14	山梨県	大石公園（ラベンダー）............	P159下
15	山梨県	花の都公園（ヒャクニチソウ）.....	P65
		（ポピー）.............................	P159上
16	富山県	あさひ舟川「春の四重奏」（桜・チューリップ）...............	P15
17	富山県	立山 室堂（チングルマ）..........	P44-45
18	富山県	雲ノ平 祖父岳（チングルマ）...	P48
19	富山県	富山県中央植物園（サザンカ）...	P102上
20	富山県	十二町潟水郷公園（枯れ紫陽花）..	P122上
21	富山県	IOX-AROSA イオックス・アローザ（キバナコスモス）..................	P73上
22	石川県	萬年寺（ツツジ）.....................	P28下
23	石川県	花のミュージアム「フローリィ」（ブラシの木）.........................	P32中
24	福井県	シバザクラの里（芝桜）............	P148

はなまっぷ関東

❶ 群馬県	野反湖 カモシカ平（ニッコウキスゲ）	P47 下
❷ 群馬県	たんばらラベンダーパーク（ラベンダー）	P158
❸ 群馬県	桜山公園（冬桜）	P102 下
❹ 群馬県	東武トレジャーガーデン（桜 他）	P11
❺ 栃木県	那須フラワーワールド（ケイトウ）	P70-71
❻ 栃木県	日光市上三依水生植物園（クリンソウ）	P26 下
❼ 栃木県	焼森山（ミツマタ）	P145 上

⑧	栃木県	とちぎわんぱく公園（ヤグルマギク）................................P16-17
⑨	栃木県	あしかがフラワーパーク（藤）..P150
⑩	茨城県	国営ひたち海浜公園（コキア）..P84-85
		（ネモフィラ）..P157 上
⑪	茨城県	明野ひまわりの里（ヒマワリ）..P64 下
⑫	茨城県	筑波山梅林（紫陽花）...P56 上
⑬	千葉県	市川市動植物園（ユキワリソウ）...................................P144 下
⑭	千葉県	京成バラ園（バラ）..P23 上
⑮	千葉県	佐倉ラベンダーランド（ラベンダー）.............................P39 上
⑯	千葉県	佐倉ふるさと広場（コスモス）..P152
⑰	千葉県	東京ドイツ村（コキア）...P86
⑱	千葉県	マザー牧場（ペチュニア）..P58-59
⑲	千葉県	館山ファミリーパーク（ポピー）..................................P127 上
⑳	千葉県	白間津のお花畑（ストック・キンセンカ）....................P126
㉑	埼玉県	国営武蔵丘陵森林公園（ハナミズキ）.............................P19 下
		（ケイトウ）..P74
		（原種シクラメン）...P103 下
㉒	埼玉県	北浅羽桜堤公園（安行寒桜）...P57 上右
㉓	埼玉県	巾着田（彼岸花）...P105
㉔	埼玉県	久喜市れんげ祭り（レンゲ）..P18 下
㉕	埼玉県	大宮花の丘農林公苑（サルビア）..................................P87 下
㉖	埼玉県	与野公園（バラ）..P95 上
㉗	東京都	向島百花園（萩）..P77
㉘	東京都	上野公園（フクジュソウ）...P133 下
㉙	東京都	上野東照宮ぼたん苑（冬牡丹）......................................P116 上、P122 上
㉚	東京都	木場公園（センニチコウ）...P68 下
		（シュウメイギク）...P92-93
		（ジャノメエリカ）...P123 下
㉛	東京都	浜離宮恩賜庭園（キバナコスモス）..............................P82 下
㉜	東京都	京王フローラルガーデンアンジェ（ヒメツルソバ）....P94 上
㉝	東京都	府中市郷土の森博物館（萩）...P76
		（ロウバイ）..P117 下
㉞	東京都	国営昭和記念公園（チューリップ）..............................P12
		（ムスカリ）..P18 上
		（スズラン）..P30-31
		（ボケ）...P100-101
㉟	神奈川県	里山ガーデン（春の花々）...P57 上左
㊱	神奈川県	横浜イングリッシュガーデン（バラ）........................P24
		（ギョリュウバイ）..P123 上
㊲	神奈川県	くりはま花の国（ヒャクニチソウ）...........................P69 下
㊳	神奈川県	三浦海岸桜まつり（河津桜）.......................................P128
㊴	神奈川県	ソレイユの丘（菜の花）..P129
㊵	神奈川県	江の島サムエル・コッキング苑（ウィンターチューリップ）.......P118 下
㊶	神奈川県	ざる菊園（ざる菊）..P99 下

はなまっぷ東海

岐阜県
愛知県
静岡県
三重県

1	静岡県	ジャカランダ遊歩道（ジャカランダ）	P43 中
2	静岡県	三島市源兵衛川（サギソウ）	P69 上
3	静岡県	爪木崎（アロエ）	P109 上
4	静岡県	みなみの桜と菜の花まつり（河津桜・菜の花）	P124-125
5	静岡県	掛川花鳥園（睡蓮）	P42 上
		（ペチュニア）	P68 上
6	静岡県	昇竜しだれ梅園（しだれ梅）	P134-135
7	静岡県	浜名湖ガーデンパーク（ワスレナグサ）	P32 下
		（ビオラ）	P113 上
8	愛知県	川見四季桜の里（四季桜）	P96-97
9	愛知県	安城産業文化公園デンパーク（サクラソウ）	P19 上
		（ポインセチア）	P110-111
10	愛知県	大府みどり公園（ミモザ）	P138
11	愛知県	愛知牧場（キバナコスモス）	P57 下左
12	愛知県	愛知県森林公園（シラタマホシクサ）	P80-81
13	愛知県	東山動植物園（マンサク）	P122 下
14	愛知県	久屋大通庭園フラリエ（クリスマスローズ）	P132 下
15	愛知県	御裳神社（紫陽花）	P34-35
16	岐阜県	ひるがの高原 コキアパーク（コキア）	P90 下
17	岐阜県	ダイナランドゆり園（ユリ）	P51 下
18	岐阜県	牧歌の里（アルストロメリア）	P61
19	岐阜県	椛の湖自然公園（ソバ）	P75 上
20	岐阜県	花フェスタ記念公園（バラ）	P22
21	三重県	なばなの里（ベゴニア）	P106-107
		（フクシア）	P112 上
		（河津桜）	P155
22	三重県	鈴鹿の森庭園（しだれ梅）	P136 上
23	三重県	レッドヒルヒーサーの森（睡蓮）	P104
24	三重県	メナード青山リゾート ハーブガーデン（カモミール）	P37、P160 上

はなまっぷ関西

1	滋賀県	ローザンベリー多和田（ケマンソウ）	P33 上
2	滋賀県	長浜盆梅展（梅）	P149
3	滋賀県	びわこ箱館山ゆり園（ユリ）	P51 上
4	滋賀県	弥生の森歴史公園（睡蓮）	P151
5	京都府	水源の里・老富（ミツマタ）	P140
6	京都府	京都府立植物園（スノードロップ）	P130-131
7	京都府	千本釈迦堂大報恩寺（乙女椿）	P145 下
8	京都府	城南宮（しだれ梅・椿）	P136 下
9	京都府	柳谷観音楊谷寺（紫陽花）	P157 中
10	奈良県	本薬師寺跡（ホテイアオイ）	P57 下右
11	奈良県	賀名生梅林（梅）	P137
12	和歌山県	樫野崎灯台（水仙）	P117 上
13	和歌山県	鷲ヶ峰コスモスパーク（コスモス）	P91
14	和歌山県	和歌山県植物公園緑花センター（葉牡丹）	P113 下
15	大阪府	ひらかたパーク（バラ）	P23 下
16	大阪府	花博記念公園鶴見緑地（桜）	P146
17	大阪府	大阪市立長居植物園（キキョウ）	P66-67
18	兵庫県	黒川ダリヤ園（ダリア）	P89 上
19	兵庫県	六甲高山植物園（メコノプシス）	P32 上
20	兵庫県	白毫寺（藤）	P10
21	兵庫県	清住かたくりの里（カタクリ）	P141 上
22	兵庫県	円照寺（ミモザ）	P142-143
23	兵庫県	あわじ花さじき（ストック）	P127 下

はなまっぷ中国四国

1	鳥取県	鳥取砂丘らっきょう畑（ラッキョウ）	P98 上
2	鳥取県	とっとり花回廊（サルビア）	P87 上
3	島根県	由志園（牡丹）	P29
4	島根県	唐音水仙公園（水仙）	P116 下
5	岡山県	岡山農業公園ドイツの森（チューリップ）	P13 下
6	広島県	世羅高原農場（ダリア）	P89 下
7	広島県	世羅ゆり園（ペチュニア）	P60
8	山口県	笠山椿群生林（椿）	P141 下
9	山口県	角島灯台公園（水仙）	P119
10	香川県	国営讃岐まんのう公園（チューリップ・ネモフィラ）	P13 上
11	徳島県	かずら橋山草園（クマガイソウ）	P27
12	高知県	北川村「モネの庭」マルモッタン（睡蓮）	P36 上
13	高知県	高知県立牧野植物園（バイカオウレン）	P132 上、
		（セツブンソウ）	P133 上
14	高知県	にこ淵（ダイモンジソウ）	P95 下
15	愛媛県	閏住地区 菜の花ロード（菜の花）	P139

はなまっぷ九州沖縄

1	福岡県	宗像大社（菊）	P103 中
2	福岡県	筥崎宮神苑花庭園（冬牡丹）	P114-115
3	福岡県	福岡市植物園（トケイソウ）	P54 上
4	佐賀県	大興善寺（皇帝ダリア）	P103 上
5	佐賀県	ブーゲンの森（ブーゲンビリア）	P112 下
6	佐賀県	ブーゲンハウス嬉野（ブーゲンビリア）	P108 上
7	長崎県	白木峰高原（桜・菜の花）	P14
8	大分県	三光コスモス園（コスモス）	P90 上
9	大分県	豊後中川駅（桜・菜の花）	P9
10	熊本県	ヒゴタイ公園（ヒゴタイ）	P62 上
11	熊本県	南阿蘇村　久木野（ソバ）	P79 下
12	宮崎県	桃源郷岬（紫陽花）	P38
13	鹿児島県	鹿児島県立吉野公園（彼岸花）	P79 下
14	鹿児島県	仙巌園（菊）	P99 上
15	沖縄県	恩納海浜公園 ナビービーチ（ハイビスカス）	P112 中
16	沖縄県	東南植物楽園（ヒスイカズラ）	P28 上
17	沖縄県	ユートピアファーム宮古島（ブーゲンビリア）	P109 下
18	沖縄県	竹富島（ブーゲンビリア）	P108 下

はなまっぷの花暦

現在の季節の花暦を、二十四節気・七十二候と比較しながら作成しました。
今と昔の季節感を比べながらお出かけの参考にしていただければ幸いです。

新暦 地球が太陽のまわりを1周する時間（約365.24日）を1年とする暦。1年を365日とすると0.24日少なく、4年で0.24日×4年＝0.96日少なくなるため、4年に1度、閏年を設けています。閏年は2月29日を1日足して調節しています。

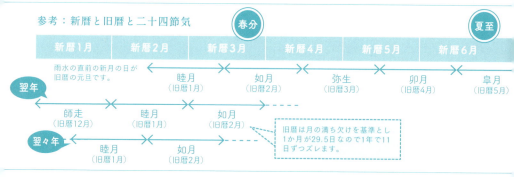

参考：新暦と旧暦と二十四節気

二十四節気	読み方	七十二候	読み方	新暦
清明	せいめい	玄鳥至	つばめきたる	4月5日
		鴻雁北	こうがんきたへかえる	4月10日
		虹始見	にじはじめてあらわる	4月15日
穀雨	こくう	葭始生	あしはじめてしょうず	4月20日
		霜止出苗	しもやみてなえいづる	4月25日
		牡丹華	ぼたんはなさく	5月1日
立夏	りっか	蛙始鳴	かわずはじめてなく	5月6日
		蚯蚓出	みみずいづる	5月11日
		竹笋生	たけのこしょうず	5月16日
小満	しょうまん	蚕起食桑	かいこおきてくわをはむ	5月21日
		紅花栄	べにばなさかう	5月26日
		麦秋至	むぎのときいたる	6月1日
芒種	ぼうしゅ	螳螂生	かまきりしょうず	6月6日
		腐草為蛍	くされたるくさほたるとなる	6月11日
		梅子黄	うめのみきばむ	6月16日
夏至	げし	乃東枯	なつかれくさかるる	6月22日
		菖蒲華	あやめはなさく	6月27日
		半夏生	はんげしょうず	7月2日
小暑	しょうしょ	温風至	あつかぜいたる	7月7日
		蓮始開	はすはじめてひらく	7月13日
		鷹乃学習	たかすなわちわざをならう	7月18日
大暑	たいしょ	桐始結花	きりはじめてはなをむすぶ	7月23日
		土潤溽暑	つちうるおうてむしあつし	7月28日
		大雨時行	たいうときどきふる	8月2日
立秋	りっしゅう	涼風至	すずかぜいたる	8月8日
		寒蝉鳴	ひぐらしなく	8月13日
		蒙霧升降	ふかききりまとう	8月18日

旧暦 新月の日を1日として次の新月まで（約29.5日）を1か月とし、地球が太陽のまわりを1周する時間（約365.24日）を1年とした暦。1年は29.5日×12か月＝354日となり、365日から11日少なくなります。3年で33日少なくなるため、3年に1度閏月を設けて1年を13か月としていました。

二十四節気 太陽の動きをもとに、夏至、冬至、春分、秋分を基準に24等分し、それぞれの季節を表す名称をつけたもの。季節感がずれる旧暦と併用して使われていました。さらに3等分したものが「七十二候」です。

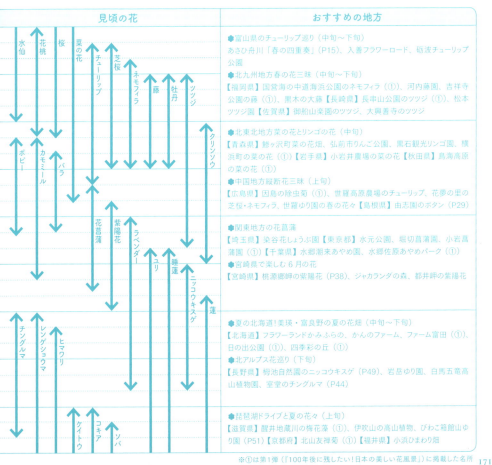

二十四節気	読み方	七十二候	読み方	新暦
処暑	しょしょ	綿柎開	わたのはなしべひらく	8月23日
		天地始粛	てんちはじめてさむし	8月28日
		禾乃登	こくものすなわちみのる	9月3日
白露	はくろ	草露白	くさのつゆしろし	9月8日
		鶺鴒鳴	せきれいなく	9月13日
		玄鳥去	つばめさる	9月18日
秋分	しゅうぶん	雷乃収声	かみなりすなわちこえをおさむ	9月23日
		蟄虫坏戸	むしかくれてとをふさぐ	9月28日
		水始涸	みずはじめてかるる	10月3日
寒露	かんろ	鴻雁来	こうがんきたる	10月8日
		菊花開	きくのはなひらく	10月14日
		蟋蟀在戸	きりぎりすとにあり	10月19日
霜降	そうこう	霜始降	しもはじめてふる	10月24日
		霎時施	こさめときどきふる	10月29日
		楓蔦黄	もみじつたきばむ	11月3日
立冬	りっとう	山茶始開	つばきはじめてひらく	11月8日
		地始凍	ちはじめてこおる	11月13日
		金盞香	きんせんかさく	1月18日
小雪	しょうせつ	虹蔵不見	にじかくれてみえず	11月22日
		朔風払葉	きたかぜこのはをはらう	11月27日
		橘始黄	たちばなはじめてきばむ	12月2日
大雪	たいせつ	閉塞成冬	そらさむくふゆとなる	12月7日
		熊蟄穴	くまあなにこもる	12月12日
		鱖魚群	さけのうおむらがる	12月17日
冬至	とうじ	乃東生	なつかれくさしょうず	12月22日
		麋角解	さわしかつのおつる	12月27日
		雪下出麦	ゆきくだりてむぎのびる	1月1日
小寒	しょうかん	芹乃栄	せりすなわちさかう	1月6日
		水泉動	しみずあたたかをふくむ	1月10日
		雉始雊	きじはじめてなく	1月15日
大寒	だいかん	款冬華	ふきのはなさく	1月20日
		水沢腹堅	さわみずこおりつめる	1月25日
		鶏始乳	にわとりはじめてとやにつく	1月30日
立春	りっしゅん	東風解凍	はるかぜこおりをとく	2月4日
		黄鶯睍睆	うぐいすなく	2月9日
		魚上氷	うおこおりをいずる	2月14日
雨水	うすい	土脉潤起	つちのしょううるおいおこる	2月19日
		霞始靆	かすみはじめてたなびく	2月24日
		草木萌動	そうもくめばえいずる	3月1日
啓蟄	けいちつ	蟄虫啓戸	すごもりむしとをひらく	3月6日
		桃始笑	ももはじめてさく	3月11日
		菜虫化蝶	なむしちょうとなる	3月16日
春分	しゅんぶん	雀始巣	すずめはじめてすくう	3月21日
		桜始開	さくらはじめてひらく	3月26日
		雷乃発声	かみなりすなわちこえをはっす	3月31日

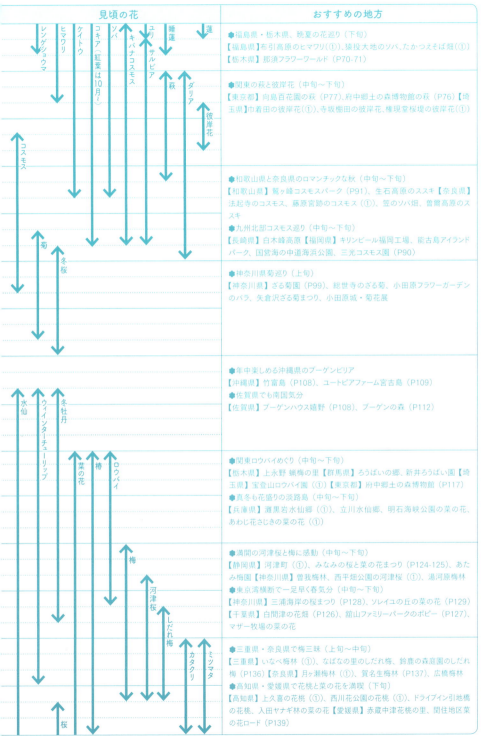

 参考文献

『日本古代暦の証明』吉村貞司　六興出版

『日本の七十二候を楽しむ－旧暦のある暮らし－』白井明大　東邦出版

『暦に学ぶ野菜づくりの知恵　畑仕事の十二ヵ月』久保田豊和　家の光協会

『草木花の歳時記　四季花ごよみ 座右版』講談社

『合本　俳句歳時記 第四版』角川学芸出版

『花の名前』高橋順子　小学館

『イラストで彩る１日１語 365 日で味わう季語の花』金子兜太　誠文堂新光社

『花と草木の歳時記』甘糟幸子　TBS ブリタニカ

 スペシャルサンクス
フォトグラファーリスト　お写真への素敵なコメントも添えていただきありがとうございました。

岩本由梨（表紙／ P89 上）、yuki takasugi（総トビラ／ P95 上）、mika（はじめに／ P12 ／ P109 下）、しゅう（目次）、いでひとみ（P6-7 ／ P95 下／ P132 中）、ken.f430（P8 上）、shimya（P8 下）、nao_k__（P9）、pimoco_55（P10）、津久井邦晃（P11）、みちこ（P13 上）、aroma（P13 中）、ta_wa_d（P14）、米田豊（P15）、Ryo Tajima（P16-17 ／ P42 上）、miko（P18 上）、serenadepink（P18 下）、EMU（P19 上／ P104 ／ P160 上）、zi_greenhorn（P19 下）、ヒロ部長（旧制ヒロ店長）（P20-21）、加藤英雄（P22）、sayu.sayu（P23 上）、吉井由実（P23 下）、大出淑（P24 ／ P49）、くー（P25）、matochan1967（P26 上）、kaeeru13（P26 下）、大坪邦仁（P27 ／ P29 ／ P87 上）、koki（P28 上）、小山隆史（P28 下／ P61）、神原宏之（P30-31）、福谷聡規（P32 上）、yu_o.o_ku（P32 中）、tsukichan（P32 下）、菊地亜由美（P33 上）、ikuko（P33 下）、hiro.ta__（P34-35）、hikari（P36 上／ P60）、mori（P36 下）、春木悦代（P37）、yuki_kuroda_photo（P38）、大野永（P39 上）、なっちゃん（P39 下／ P64 上）、川本悠（P40-41）、Jin Watanabe（P42 下）、めぐみん（P43 上）、hana（P43 中）、Emiko Ueno（P43 下）、SHUNYA SHIMADA（P44-45）、osamu.（P46 上／ P69 上）、1014ryo（P46 下）、takechan86（P47 上）、尾土平志保（P47 下／ P87 下）、Naoto（P48）、吉野由美（P50）、天野麻美（P51 上／ P145 下）、tae*（P51 下）、kaze（P52-53 ／ P83 下）、のがみ　なおこ（P54 上）、伊東美輪（P54 中）、下山かほり（P54 下）、大塚勇太（P55 上）、nana_pic_（P55 下）、issyrider（P56 上）、gomashira_haruchan（P56 下）、hanamama（P57 上右）、nagico1121（P57 上左）、いろはとほへと（P57 下左）、コサ（P57 下右／ P91 ／ P117 上）、松島隆司（P58-59）、ひろりん（P62 上）、makotom2（P62 下／ P63）、Pure（P64 下／ P74）、山村周平（P65）、岩本大地（P66-67）、nontan（P68 上）、戸嶋 真実子（P68 下／ P92-93）、森春菜（P69 下）、こーさ（P70-71）、金田拓也（P72）、Emiri.U（P73 上）、yascolo（P73 下／ P116 上）、chie（P75 下）、motion.imaging（P75 下）、岩田さおり（P76）、kiccyomu（P77）、nao_____ya（P78）、jun_aug（P79 上）、Saw-C（P79 下）、奥村邦博（P80-81）、Michi（P82 上）、新保由加（P82 下）、亀井大輔（P83 上）、仙波昭貴（P84-85）、traveler_sui（P86）、畠山麻紀（P88）、koyuki.secret（P89 下）、ichijikupai（P90 上）、田中富士廣（P90 下）、Sayaka Ogiwara（P94 上／ P133 下）、前川友香（P94 中）、xoxoutauinu（P94 下）、淺野康子（P96-97）、窪田典子（P98 上）、yakak（P98 下）、kanako1002mami（P99 上）、Miho（P100-101）、yooyoo.t（P102 上）、遠井洋子（P102 下／ P105）、nissy24_ig（P103 上）、kitajyz（P103 中）、harpangel55（P103 下）、米津雄大（P106-107）、あっちゃん（P108 上）、fumitaku_k（P108 下）、yumihr（P109 上／ P127 上）、Ryuta（P110-111）、小山真弓（P112 上）、染谷 亮一（P112 中）、たまる（P112 下）、星本かおり（P113 上）、Miha（P113 下）、くわまん（P114-115）、ttatsuka（P116 下）、shun（P117 下）、misato2831（P118 上）、impact（P118 下）、hidechan226（P119 ／ P141 下）、kuyaduki（P120-121）、吉野佐恵子（P122 上）、Hisae Matuki（P122 中）、かっちゃん（P122 下）、moris（P123 上）、hiro_s05（P123 下）、宇佐見北斗（P124-125）、chika4312（P126）、yoshimi（P127 下）、戸張隼人（P128）、jazz.67（P129）、濱崎孝浩（P130-131）、olivedragontree（P132 上）、amiwanmini（P132 下）、aya_yaaaaao（P133 上）、yurie.0101（P134-135 ／ P158）、takaya212（P136 上）、徳田夕美（P136 下）、中野翔子（P137）、鈴木歩（P138）、齋藤百合（P139）、吉田貴雄（P140）、清水岳（P141 上）、uk5112（P142-143）、soramame_masako119（P144 上）、makako（P144 下）、さかもとまさる（P145 上）、きよしこ*（P145 中）、華子（P146）、ganco5050（P148）、rinrin7281（P149）、大内和馬（P150）、長谷川美和（P151）、杉山 隆之（P152）、大槻 光平（P153）、やまちゃん（P154）、前田仁美（P155）、ezo.echigo（P156）、ycmrmn（P157 上）、masato（P157 中）、shinji nogami（P157 下）、八子俊昇（P159 上）、清水佑有（P159 下）、後藤有紀（P160 下／ P99 下）

おわりに

　1冊目でご紹介できなかった花を中心に月ごとに花風景を集めた今回の「はなまっぷ本」。秋や冬も含めて12か月分すべてが無事に集まるのかと初めはそわそわしていましたが、今回も素敵なお写真をたくさんお寄せいただき、「あそこも載せたい！」「ここも載せたい！」と、選びきれないほどでした。

　1冊目で約220枚、2冊目で約200枚と、合計400枚以上の美しい花の写真が集まりました。こんなにたくさん日本の花の写真が集まる場所は他にはないはずです。これもひとえに、みなさまが日々美しい花を育ててくださり、楽しみながら花の写真を撮ってくださるおかげだと感謝いたしております。

　最後になりましたが、この本を作成するにあたり、お写真をご提供いただいた172名の方々、「はなまっぷ」をご覧いただいているみなさん、そして美しい花風景を管理してくださるみなさんに重ねて御礼申し上げます。

　この度も素敵なお花をたくさんありがとうございました。

　花を愛するすべての人に花まるを。

はなまっぷ

はなっぷ hanamap

| 花ことば | あなたのお花を待っています。 |
| 名前の由来 | 花のある日本地図を作りたいことから。 |

花の写真を通して、花好きな人々が楽しめる場所にと2015年4月20日に開設されたインスタグラムアカウント。数多くのインスタグラマーたちとともに、日本各地の花風景や美しい花の写真を発信している。

Instagram　https://www.instagram.com/hanamap/
Twitter　　https://twitter.com/hanamap_info

1年中楽しみたい！
日本の美しい花暦
2019年3月1日　第1刷発行
2023年6月1日　第3刷発行

著者	はなっぷ
装丁＆デザイン	公平恵美
発行人	塩見正孝
編集人	神浦高志
販売営業	小川仙丈
	中村 崇
	神浦絢子
印刷・製本	図書印刷株式会社
発行	株式会社三才ブックス
	〒101-0041
	東京都千代田区神田須田町2-6-5 OS'85ビル
	TEL：03-3255-7995
	FAX：03-5298-3520
	http://www.sansaibooks.co.jp/

**Googleマップ版
地方別はなっぷ**

※Googleマップに地方別はなっぷを集約しました。
※地図上の青いマークが本書で紹介した場所で、ピンクのマークが第1弾（『100年後まで残したい！日本の美しい花風景』）で紹介した場所です。
※撮影場所が特定できない写真については、マップへの掲載を省略させていただいています。
※お出かけの際にご活用ください。

https://goo.gl/etYD7A

※本書に掲載されている写真・記事などを無断掲載・無断転載することを固く禁じます。
※万一、乱丁・落丁のある場合は小社販売部宛にお送りください。
送料小社負担にてお取り替えいたします。

© はなっぷ, 2019